西南传统村落

中国传统村落文化抢救与研究
文化区系列

吴必虎 罗德胤 张晓虹 汤敏 ◎ 主编
刘丹萍 高璟 吴艳阳 徐燕 ◎ 编著

海天出版社
·深圳·

图书在版编目（CIP）数据

西南传统村落 / 吴必虎等主编. — 深圳：海天出版社，2020.12

（中国传统村落文化抢救与研究. 文化区系列）

ISBN 978-7-5507-3034-2

Ⅰ. ①西… Ⅱ. ①吴… Ⅲ. ①村落－研究－西南地区 Ⅳ. ①K928.5

中国版本图书馆CIP数据核字（2020）第206228号

审图号：GS（2020）5315号

西南传统村落
XINAN CHUANTONG CUNLUO

出 品 人	聂雄前
项目策划	许全军
项目统筹	南　芳
责任编辑	南　芳
责任校对	万妮霞
责任技编	郑　欢
装帧设计	知行格致

出版发行	海天出版社
地　　址	深圳市彩田南路海天综合大厦（518033）
网　　址	www.htph.com.cn
订购电话	0755-83460239（邮购、团购）
设计制作	深圳市知行格致文化传播有限公司　Tel：0755-83464427
印　　刷	中华商务联合印刷（广东）有限公司
开　　本	787mm×1092mm　1/16
印　　张	16.5
字　　数	205千
版　　次	2020年12月第1版
印　　次	2020年12月第1次
定　　价	398.00元

海天版图书版权所有，侵权必究。
海天版图书凡有印装质量问题，请随时向承印厂调换。

"中国传统村落文化抢救与研究·文化区系列"
编委会

EDITORIAL COMMITTEE

丛书主编：吴必虎　罗德胤　张晓虹　汤　敏

《中国传统村落概论》

编委会主任：张宝秀、成志芬
编委会成员：朱永杰、刘剑刚、李　扬、
　　　　　　时少华、张　勃、苑焕乔、
　　　　　　周爱华
编写分工：第一章　张宝秀、成志芬
　　　　　第二章　朱永杰
　　　　　第三章　刘剑刚
　　　　　第四章　李　扬
　　　　　第五章　成志芬、苑焕乔
　　　　　第六章　张　勃、李　扬
　　　　　第七章　时少华

《中原传统村落》

编委会主任：丁　华、张　东、
　　　　　　杨　博、郭晋媛
编委会成员：杨晓俊、戴　宏、刘改芳、
　　　　　　栗晓楠、刘　晗、姚　浪、
　　　　　　李羿祥、薛艳青、戴景文、
　　　　　　蒋星怡、朱凯凯、黄静怡、
　　　　　　廖文强、张　悦、陈鑫源、
　　　　　　陈姗姗、陈添珍、高媛媛、
　　　　　　刘丽丽、易远铨、黎燕君、
　　　　　　王　坤、易　雪、萧僖雯、
　　　　　　沈思源、苏小燕

《徽州传统村落》

编委会主任：张云彬、张宏梅、王　娟
编委会成员：张　茹、沈思佳、张业臣、
　　　　　　张小军、闫　飞、方敦礼
编写分工：第一章　张云彬
　　　　　第二章　张宏梅、张云彬
　　　　　第三章　张云彬
　　　　　第四章　王　娟
　　　　　第五章　张云彬、张宏梅、
　　　　　　　　　王　娟
　　　　　第六章　张宏梅

《荆楚传统村落》

编委会主任：龚胜生、何小芊、胡　娟、
　　　　　　陈丽军
编委会成员：伍昌友、李孜沫、魏幼红、
　　　　　　张　涛
编写分工：第一章　龚胜生、何小芊
　　　　　第二章　何小芊
　　　　　第三章　胡　娟、龚胜生
　　　　　第四章　胡　娟
　　　　　第五章　陈丽军
　　　　　第六章　陈丽军
　　　　　第七章　何小芊

《客家传统村落》

编委会主任：陈　川
编委会成员：萧清碧、黄宗焕、李长青、
　　　　　　何烈孝、沈　洁
编写分工：第一章　陈　川、萧清碧
　　　　　第二章　陈　川、萧清碧
　　　　　第三章　萧清碧、陈　川、
　　　　　　　　　黄宗焕、李长青
　　　　　第四章　萧清碧、陈　川、
　　　　　　　　　黄宗焕
　　　　　第五章　萧清碧、李长青、
　　　　　　　　　黄宗焕、陈　川
　　　　　第六章　陈　川、萧清碧、
　　　　　　　　　黄宗焕、何烈孝

《西南传统村落》

编委会主任：刘丹萍、高　璟、吴艳阳、
　　　　　　徐　燕
编委会成员：陈玲玲、刘博宇、郭可欣、
　　　　　　赵昱嫣、郭聪聪、方家刚、
　　　　　　宋尚周
编写分工：第一章　刘丹萍、高　璟
　　　　　第二章　刘丹萍、高　璟
　　　　　第三章　刘丹萍、高　璟
　　　　　第四章　刘丹萍、高　璟
　　　　　第五章　刘丹萍、高　璟、
　　　　　　　　　吴艳阳、徐　燕
　　　　　第六章　刘丹萍、高　璟

《关东传统村落》

编委会主任：朱晓蕾、王福刚
编委会成员：付　卉、甘　静
编写分工：第一章　付　卉、朱晓蕾
　　　　　第二章　朱晓蕾
　　　　　第三章　王福刚
　　　　　第四章　朱晓蕾
　　　　　第五章　甘　静、朱晓蕾、
　　　　　　　　　王福刚
　　　　　第六章　朱晓蕾

《吴越传统村落》

编委会主任：崔　峰、王丽娴、张光明
编委会成员：千继贤、王　瑜、朱晓庆、
　　　　　　尤　峰
编写分工：第一章　崔　峰、朱晓庆
　　　　　第二章　崔　峰、千继贤
　　　　　第三章　王丽娴、崔　峰
　　　　　第四章　王　瑜
　　　　　第五章　崔　峰、尤　峰
　　　　　第六章　张光明

《西北传统村落》

编委会主任：李　丁、苗　红、冶建明
编委会成员：韩雅敏、林　燕、孟　璐、
　　　　　　王文倩、李珍珍、黄　雪、
　　　　　　秋一睿、刘国锋、王　芸、
　　　　　　王　宁、余　洋、王　鑫
编写分工：第一章　李　丁、苗　红、
　　　　　　　　　冶建明
　　　　　第二章　李　丁
　　　　　第三章　苗　红
　　　　　第四章　冶建明
　　　　　第五章　李　丁、苗　红、
　　　　　　　　　冶建明

《滨海传统村落》

编委会主任：裴　丹
编委会成员：黄丽华、严琳霞、李丹洋、
　　　　　　尚珍宇
编写分工：第一章　裴　丹
　　　　　第二章　裴　丹
　　　　　第三章　尚珍宇、裴　丹
　　　　　第四章　李丹洋、严琳霞、
　　　　　　　　　裴　丹
　　　　　第五章　黄丽华、严琳霞、
　　　　　　　　　李丹洋、裴　丹
　　　　　第六章　严琳霞、裴　丹

《黄淮海传统村落》

编委会主任：邢慧斌
编委会成员：魏云刚、孙庆久、佟　薇、
　　　　　　吴　军、马　晓
编写分工：第一章　佟　薇、邢慧斌
　　　　　第二章　孙庆久、邢慧斌
　　　　　第三章　马　晓、邢慧斌
　　　　　第四章　魏云刚、邢慧斌
　　　　　第五章　吴　军、邢慧斌

《巴蜀传统村落》

编委会主任：刘小方、李小波
编委会成员：纪凤仪、冯祉烨、王晓文
编写分工：第一章　冯祉烨、刘小方、
　　　　　　　　　李小波
　　　　　第二章　冯祉烨
　　　　　第三章　刘小方、冯祉烨
　　　　　第四章　纪凤仪

《藏蒙传统村落》

编委会主任：朱普选

编委会成员：明庆中、梁旺兵、曾 谦、
琼 达、罗赞敏、黄 丽、
尚前浪、先 巴、秦 旭、
李 凡、阿荣娜、肖卫东、
史家铭、达 桑、慈尚普、
蒋其平

编写分工：第一章 朱普选
第二章 琼 达、肖卫东、
史家铭、达 桑、
慈尚普、蒋其平
第三章 罗赞敏、先 巴
第四章 梁旺兵、秦 旭
第五章 黄 丽
第六章 尚前浪、李 凡、
明庆中
第七章 曾 谦、阿荣娜

《东南传统村落》

编委会主任：吴荣华、王国栋、郑庆之、
黄丽华

编委会成员：叶乃齐、冯仕晏、曾健鹏、
陈秋晓、邓冰蓉

编写分工：第一章 王国栋
第二章 王国栋
第三章 郑庆之
第四章 吴荣华
第五章 吴荣华、王国栋、
黄丽华
第六章 吴荣华、王国栋、
黄丽华

《江淮传统村落》

吴小伟 编著

致谢

林丽琴、姜丽黎、宋尚周、谢冶凤、王梦婷、王定镇、王 琳、周爱清、陈建茂、于小强

序言
PREFACE

进入二十一世纪的中国，城市化进程发展十分迅速。城市化脚步之快，快过了这个社会的思考的速度。在这样一种背景下，大量的农业人口进城，大量的乡村"空心化"，伴随着相当长的一个时期内地方发展对土地财政的严重依赖，在村集体所有制的宅基地制度基础上农民对乡村规划建设的弱势地位，以及其他一些社会经济和文化原因，导致了中国传统村落大片大片消失。正如一大批分布于全国各地，从事各行各业，痛惜于传统村落的快速消亡，钟情于怀念美丽田园生活里的梦幻童年，致力于利用各种方式抢救濒于困境的故土，投身于丰富多姿的乡村文化遗产研究领域的人们一样，五六年前我们几个志同道合的小伙伴，清华大学建筑学院的罗德胤副教授、北京大学俞孔坚教授的学生、古村之友发起人汤敏硕士，浙江桐乡乌镇和北京古北水镇主理人陈向宏先生，发起成立了古村镇大会，并分别在浙江乌镇、山东滨州、北京古北水镇和山西碛口古镇，召开了四次古村镇大会。在办会过程中，几位会议创办人提起了组织编辑出版一套古村研究丛书的想法，这一想法得到了深圳海天出版社的支持，申报了"十三五"出版规划，并顺利获得批准立项。

这套丛书的框架相当庞大，初步设想包括文化区系列、物质文化系列和非物质文化系列。这么庞大的系列，组织起来难度可想而知。为了增强组织和编写力量，我们又邀请了复旦大学中国历史地理研究所所长张晓虹教授加盟。目前推出的十五册，仅是其中第一辑文化区系列。

为什么要从文化区视角组织第一辑系列丛书？这主要基于中国传统村落形成发展于中国广袤的国土、悠久的历史、多民族共融的文化视角的考虑。

从自然地理角度看，中国南北横跨热带、亚热带和温带三个气候地带，东西纵盖60多个经度，具有东部滨海平原、中部山地高原盆地、西部干旱沙漠和高寒山地高原等多种地貌形态，海拔高度又具有从海平面以下数百米到世界屋脊最高峰8848.86米的最大高差形成的垂直气候带和植被带。在这么广阔、多样的自然地理条件下形成的村落，必然呈现出世界上最为丰富的聚落景观和文化形态。

此外，动辄数千年的悠久历史和历史上波澜壮阔的人口迁移与融合，又为传统村落打上了深厚文化底蕴和丰富民族特色的烙印。

基于以上几个条件，实际上，文化区系列的传统村落，从一个较为宏观的层面，而非村落本身，更非民居建筑单体，来呈现和传承中国灿烂多姿的乡村文明画卷。

第一辑文化区系列的传统村落板块，除了第一册《中国传统村落概论》综述其概，其余十四册基本上放在特定文化区的概述、物质文化、非物质文化，以及传统村落文化保护与旅游活化这样一个基本结构内阐述。其中绝大多数分册表述的是一个较为连续的地域单元，如中原、江淮、巴蜀、客家等文化区，这些文化区虽然具有基本上一致的身份认同，但具体绘制到地图上时，并非易事。

文化区属于一种人类认知的范畴，不仅难以提出统一准确的判别标准，而且即使有一些参数可供核准，但在不同的审视者眼里得到的评价结果也会存在不同。另外，人口迁移、现代化冲击和民族融合，也客观存在着两种甚至更多的文化融合，出现了一些所谓的文化叠合区域。例如，在讨论青藏高原时，可以把青海与西藏视为一个整体区域，但实际上青海除了藏蒙文化，在接近甘肃和新疆的部分，也还有相当多的西北文化。此外，在中原文化区与黄淮海文化区之间、中原文化区与江淮文化区之间、吴越文化区与徽州文化区之间，也都存在一定程度的文化叠合现象。

一般情况下，文化区应该是连续的地域空间，但也有个别情况比较特殊，一个是藏蒙文化，它是按照藏传佛教的分布特点来组织的，藏传佛教影响区的村落或集镇，都有围绕喇嘛庙而建设的特点，它们在空间上地域非常广大。另一个是滨海文化，它是按照临海居岛的地理特点来组织的，涉及中国一万多公里的海岸线，北面涉及黄渤海，中间是东海，南部是南海，这些绵长的海岸线和有人居住的岛屿上，形成的岛居海厝不仅独具一格，而且同样彰显中国自身的海洋文化。关于这一点，过去的传统村落研究，常常并未加以足够重视。

包括传统村落在内的文化景观具有丰富的多样性，区域多样性是其突出表现之一。这套丛书力图通过对进入官方视野、获得几个部委共同颁布的传统村落体系的乡村聚落为主要探讨对象的分析，来获得社会更加广泛的注意，让更多的机构和社会各阶层关注传统村落的传承和发展，唤起更多的部门和公众研究传统村落传承和发展过程中存在的政策、法规、理念与价值冲突，共同寻求其解决之道，为中国传统村落这一特殊文化景观的保护和长期发展贡献一份自己的力量。

吴必虎

2020 年 12 月 11 日

于北京大学逸夫二楼

目录

CONTENTS

第一章 概述 001

第一节 地理学中的西南 / 002
  一、中国古代的西南区域概念 / 003
  二、中国近代的西南区域概念 / 004
  三、中国现代的西南区域概念 / 005
  四、本书所指的西南区域概念 / 006

第二节 西南区域的自然与民族地理学透视 / 007
  一、地形复杂多变 / 007
  二、多民族分布与融合 / 008

第三节 西南传统村落总格局 / 013
  一、数量巨大 / 014
  二、分布不平衡 / 015
  三、与少数民族人口分布近乎重合 / 019
  四、与人文地理要素密切相关 / 020
  五、具有少数民族非物质文化遗产载体功能 / 020

第二章 西南传统村落的成因与类型 023

第一节　自然地理基础 / 024

第二节　文化生态学解释 / 026

第三节　西南传统村落的主要类型 / 031
　　一、经济型 / 032
　　二、宗族型 / 034
　　三、军事型 / 037

第三章 西南传统村落的物质文化景观 041

第一节　选址与格局 / 042
　　一、传统村落选址 / 042
　　二、传统村落格局 / 048

第二节　传统村落民居 / 049
　　一、贵州传统民居 / 050
　　二、云南传统民居 / 057
　　三、广西传统民居 / 067

第三节　公共空间 / 070
　　一、风雨桥 / 071
　　二、鼓楼 / 073
　　三、哈尼族祭祀场所 / 075
　　四、屯堡公共空间 / 077
　　五、四方街 / 078

第四章 西南传统村落的非物质文化景观 081

第一节　原始崇拜及信仰 / 082
　　一、苗族原始崇拜 / 082
　　二、彝族原始崇拜 / 083
　　三、傣族原始信仰 / 083
　　四、白族自然崇拜 / 084

五、纳西族东巴教 / 085

第二节　民间艺术 / 085
　　一、侗族大歌 / 085
　　二、绘画雕刻艺术 / 087
　　三、苗族银饰 / 088
　　四、布依戏 / 089
　　五、壮族三声部民歌 / 090

第三节　传统技艺 / 092
　　一、哈尼族木刻分水 / 092
　　二、苗族蜡染 / 094

第五章　西南典型传统村落　097

第一节　贵州典型传统村落 / 098
　　一、黔东南典型传统村落 / 098
　　二、黔西北典型传统村落 / 112
　　三、黔中典型传统村落 / 116
　　四、黔西典型传统村落 / 121

第二节　云南典型传统村落 / 125
　　一、滇东南典型传统村落 / 125
　　二、滇西北典型传统村落 / 128
　　三、滇西南典型传统村落 / 131
　　四、滇中典型传统村落 / 137

第三节　广西典型传统村落 / 139
　　一、桂北典型传统村落 / 139
　　二、桂南典型传统村落 / 147
　　三、桂西典型传统村落 / 151
　　四、桂东典型传统村落 / 153

第六章 西南传统村落的保护与活化 157

第一节　贵州传统村落的保护与活化 / 158
　　一、保护现状 / 158
　　二、活化模式初探 / 160

第二节　云南传统村落的保护与活化 / 170
　　一、保护现状 / 170
　　二、活化模式初探 / 172

第三节　广西传统村落的保护与活化 / 176
　　一、保护现状 / 176
　　二、活化模式初探 / 177

参考文献 / 182

附录：西南传统村落名单 / 186

后记 / 244

文化区系列

中国传统村落
文化抢救与研究

Chinese Traditional Villages

第一章

概述

中国西南地区独特的地形地貌及多民族分布与融合的文化特征，使得承载了自然与文化要素的人类聚居载体——西南传统村落，具备了鲜明的区域特性，与中国其他文化区的传统村落相比，具有极高的文化、历史、审美综合价值。西南传统村落是中国传统村落的基因宝库，是展现中国多民族文化交互融合的活化石，近20年来已经成为学术研究和保护实践的热点对象，吸引了考古学、社会学、文化人类学、民族学、历史地理学、建筑学等多学科的共同关注；也是国内外广大旅游者、摄影爱好者了解与体验中国文化多样性的基地。随着社会经济的发展、交通条件的改善，西南传统村落逐渐展现在人们面前，露出了她沧桑而又美丽的面貌，保护与传承西南传统村落，成为中国传统村落保护极其重要的部分。

本书以西南传统村落为对象，梳理其村落类型、物质文化景观与非物质文化景观、典型传统村落和目前的保护与活化实践，以期从系统视角为读者展现一个较为完整的、全面的、动态的西南传统村落概貌，并将重要的、有代表性的文化现象予以呈现。在具体介绍西南传统村落前，需要理解何谓"西南"。本章首先从文化地理学的视角探讨"西南"，然后明确西南传统村落的总体格局。

第一节
地理学中的西南

说起西南，多数人首先会从方位来理解其含义。历史上，西南作为一个地理单元的区域性称谓，始见于《山海经·海内经》，其中言及"西南"有两条——"西南有巴国""西南黑水之间",可见早期人们认识西南时已明显具有区域的概念。在历史发展过程中,西南首先有了表层的区域地理意义,代表位置和方向,是历史时期以汉文化为中心的方位界定;随着文明的进步和人们认识世界的不断深入,在此基础上又赋予西南民族的、文化的深层意义。村落作为文化的一种物质存在形式,其分布、形态、结构和功能也是文化影响的必然结果。理解这些是建立起探讨西南传统村落何去何从的基础。① 西南区域地理概念及范围经历了长期的发展演变历程,下文首先从区域地理学角度出发,介绍西南区域地理概念及范围的历史演变过程。②

一、中国古代的西南区域概念

先秦时期,西南主要包括巴和蜀。西汉时期,司马迁在《史记·西南夷列传》里以"西南夷"命名巴蜀之外的西南少数民族,首次将西南夷地区纳入西南的范围,至此标志着西南区域地理概念的正式形成。唐宋时期,狭义的西南是指唐宋王朝疆域内的西南地区,即唐代的剑南道、山南西道、黔中道,宋代的川峡四路;广义的西南还包括疆域外的南诏(大理)以及周边一些民族和王国。

元朝消除了西南地区长期割据对峙局面,实行行省制度。在元人眼里,西南区域范围主要包括元代四川行省、云南行省的全部以

---

① 张勇.历史时期西南区域民族地理观研究[M].北京:中国文史出版社,2014.
② 张勇."西南"区域地理概念及范围的历史演变[J].中国历史地理论丛,2012,27(4):90-99.

及湖广行省的部分非汉民族地区。到了明清时期，随着视野的进一步拓展，人们对西南地区的认识和论述愈加丰富，对西南范围的界定也趋于多样。归纳起来，明清人关于疆域内西南地区（狭义的西南）的范围的认识主要有三种观点：其一，西南地区包括四川、云南、贵州以及广西等行省；其二，西南地区包括四川、云南、贵州、广西以及湖广的民族地区；其三，西南地区还包括西藏。也就是说，上述三种观点分别在前代"西南"的基础上增加了广西、湖广、西藏等地区，使得疆域内西南的区域范围有了较大扩张。其中，第二种观点为官方所采纳，并通过朝廷的分区制度和正史典籍予以确认，由此衍生出近现代"西南诸省"的各种说法。

二、中国近代的西南区域概念

中国古代的西南区域概念，受传统"天下观"影响，既包括中原王朝统治疆域内的西南地区，也包括疆域之外的诸多地区。到清代晚期，随着西方列强的入侵和对边疆地区的蚕食，近代意义上的国家观念和疆界意识得以产生和发展。在西南地区，清王朝和英、法等国勘定滇缅、滇越、粤越、藏印边界，与原来的藩属国越南、缅甸等之间划定了较为清晰的民族国家边界线，人们对于西南边界的意识随之增强。此后"西南"一词逐渐从包括疆域内的西南部和疆域外的藩属地区，转变为只包括疆域内的西南各省区。例如1909年黔籍湘人张百麟创办的《西南日报》就是以贵州、四川、湖南、广西、云南、广东六省为西南的区域范围。

民国时期，关于西南地区的范围说法不一。如1930年梁钊韬绘制有《西南民族分布与分类略图》，表明当时的西南包括了四川、云南、西康、西藏、广西和湖南的湘西，以及广东的海南岛，乃至青海玉树、甘肃甘南等地，代表了当时学术界对西南及西南民族分布区的一种认识。此外还有西南七省（川、康、滇、黔、桂、湘、粤）、西南六省（川、康、滇、黔、桂、湘）、西南五省（川、康、滇、黔、桂）、西南四省（川、康、滇、黔）等诸种说法，可见民国时期关于西南地区的范围认识存在多种观点，不论哪种认识都是指中国境内的"西南"。

三、中国现代的西南区域概念

1949年后，西南的概念及范围又有了新的变化。中华人民共和国成立后，在划分大行政区时，将四川、云南、贵州、西康、西藏五省区和重庆市划为西南地区，并先后成立西南军政委员会和西南行政委员会进行管理。1958年，中央将全国划分为7个经济协作区（1961年合并为6个），其中西南经济协作区包括四川、贵州、云南和西藏，使得西南还具有了行政区、经济协作区的含义。

改革开放后，人们从不同角度界定"西南"的概念和范围。1980年，中国西南民族研究学会（筹）从民族分布的角度，提出西南地区包括四川、云南、贵州、西藏、广西五省区；1982年成立的西南经济协作区也包括了以上五省区，这是经济合作意义上的西南。1999年，中国政府开始实施西部大开发战略，除了川、滇、黔、桂、藏、渝6省区市整体纳入西部大开发范围之外，与之相接壤的湖南湘西州和湖北恩施州也列为享受西部大开发待遇的地区。这是经济政策意义上的西南。

四、本书所指的西南区域概念

　　从以上介绍可以看出，西南首先表示在中国西南方向的地区，其概念及范围从古至今具有动态性、模糊性和相对稳定性。从空间边界上看，人们的认识经历了古代无明确边界到近现代明确的版图边界的过程。如今，国内普遍采用狭义的西南（四川、重庆、云南、贵州）和广义的西南（四川、重庆、云南、贵州、广西、西藏）之说法，反映出西南含义的多元化和人们对西南范围认识的多样化。但实际上，文化的交流与融合从来不会受到行政区的束缚，西南背后的文化学含义需要从更广阔的范围内来理解和把握。若摒弃"中原观"，以西南为中心，也有它的东南西北之分，环绕它的是亚欧大陆的东南亚地区、南亚地区。在分析与了解西南传统村落时，应从文化碰撞的视角审视西南村落与其周围自然与人文地理环境方面的相似性与差异性。在本套丛书中，为凸显传统村落保护议题里文化遗产传承的区域特性，更兼顾整套丛书中各分册分工，特将云南、贵州、广西等三省区行政区域内的村落纳入本分册讨论范围，而暂时将四川、重庆以及西藏三省区市调整到其他分册中。相应地，为行文方便，本书前两章内容，即西南之区域尺度的自然地理构造及主体民族文化生态等，仍遵循学界共识下的地理概念进行；后四章内容，将主要是针对云南、贵州、广西三省区加以阐述。

第二节
西南区域的自然与民族地理学透视

提到西南，最容易映入人们脑海的无非两点：高原山地和少数民族。由于地理环境复杂和民族众多两大根本因素，西南区域在我国各大文化区中特色极其鲜明，且区域内部也呈现出横向与纵向的多元化和异质性。从文化地理学视角看，云南、贵州和广西三省区，由于地形地貌的特殊性，并受历史上汉族移民、多元宗教、古道商业、军事征战等因素的综合影响，在各省区内部也形成了不同的亚文化圈和不同的文化现象，从而影响了传统村落的方方面面，即先区域后村落，区域特点影响村落的逻辑。

一、地形复杂多变

西南区域地理环境独特，北侧秦岭与大巴山脉阻挡了北方平原向南的延伸，东侧的巫山使其与洞庭湖自然分野，武夷山和南岭加大了其与东南地区的距离，西侧的横断山脉抬升了其与青藏高原的断层，南向则以从横断山脉到长山山脉逐渐走低的山脉与缅甸、泰国、越南等东南亚半岛诸国相隔。所有这些地理特征使西南地区相对封闭，且处于世界屋脊青藏高原与低海拔华中丘陵平原之间的过渡带，这一区域也是我国地势三大阶梯中的第二阶梯区，整体地势呈现北低南高的态势。其间地貌差异明显，高度悬殊，从海拔不足

200米的平原到海拔高达4000米的横断山脉，依次分布有四川盆地、云贵高原、川西高原和滇纵向岭谷区4个相对独立发展的地理空间。这里以高山深谷为主体，同时还广泛分布喀斯特地貌、冰川和冰缘地貌、火山地貌、河谷地貌和盆地。在由青藏高原东部南下的横断山脉诸山所形成的高山峡谷之间，还有纵贯南北的几条大江，独特的高山峡谷景观、巨大的山系和深切的河谷格局。[①] 总体而言，我国西南地区地形复杂多变，由北向南呈现出由低盆地到高海拔的独特的地理地貌特征，而云、贵、桂三省区山河相伴，海拔垂直变化明显。

二、多民族分布与融合

（一）多民族来源

民族地理学是研究民族的地理分布及其形成和演变的地理背景的学科领域。纵观历史，中国民族地理观形成于周秦两汉，这一时期是中国大一统多民族国家从春秋战国时期的推进，到秦汉时期最终形成的转型时期。关于大一统多民族国家构成的各种思想，都在这一时期酝酿和形成，呈现出从思想憧憬到现实概括的历史发展轨迹，对两千余年的封建社会产生极大影响。关于大一统多民族国家的民族地理思想观念，也在这一时期从理想走向现实。

---

① 何大明，吴绍洪，彭华，等.纵向岭谷区生态系统变化及西南跨境生态安全研究[J].地球科学进展，2005，20（3）：338.

具体而言，"五方之民"格局所谓华夏居中，夷、蛮、戎、狄"四夷"分布东南西北四方的民族地理观在春秋战国时期被提出和确立。至秦汉大一统多民族国家正式形成，现实的"四夷"确定为匈奴、两粤（南越、东越）、西南夷、朝鲜、西域。随后，西南区域的民族地理观又发生了历史演变，并与经济、文化和政治的因素交织在一起，全面且深刻地影响了该区域发展。因此，与国内其他区域的传统村落相比，"少数民族""边疆"等关键词构成了西南传统村落在民族、边疆、政区等方面的多重含义。

从历史看，中国西南这个特定区域内主要分布着氐羌系民族、百越系民族与当地土著融合而成的民族，以及孟高棉语民族和从外地迁入的蒙古族、满族、回族等民族。学界也因此有一基本说法：我国西南地区有30余个世居少数民族，几乎占到全国55个少数民族数目的3/5。其中，云南有25种世居少数民族，约1600万人，包括彝族、白族、哈尼族、壮族、傣族、苗族、回族、傈僳族、拉祜族、佤族、纳西族、瑶族、景颇族、藏族、布朗族、布依族、阿昌族、普米族、蒙古族、怒族、基诺族、独龙族等；贵州有17种世居少数民族，约1300万人，包括苗族、侗族、布依族、土家族、彝族、回族、毛南族、畲族、仡佬族、羌族、瑶族、蒙古族、壮族、仫佬族、水族、白族、满族等；广西有11种世居少数民族，约1700万人，包括壮族、瑶族、苗族、侗族、仫佬族、毛南族、回族、京族、彝族、水族、仡佬族等。

从语言上讲，西南地区主要居住着汉藏语系除汉语族以外的藏缅、壮侗、苗瑶三大语族各少数民族，还有南亚语系孟高棉语族的一些少数民族。其中，属于藏缅语族的有藏族、门巴族、彝族、傈僳族、纳西族、哈尼族、拉祜族、基诺族、景颇族、阿昌族、独龙族、白族、羌族、普米族、珞巴族、怒族、土家族等17个民族，属于壮侗语族的有壮族、布依族、傣族、侗族、仫佬族、仡佬族、水族、毛南族、黎族等9个少数民族，属于苗瑶语系的有苗、瑶、畲等3个民族，属于南亚语系孟高棉语族的有佤、德昂和布朗3个民族。此外，回族、满族、蒙古族也广泛分布于西南各地。

藏缅语族源于古氐羌系，原居住在西北河湟地区。目前我国考古发现时间较早的新石器遗址——距今8000—4800年前的大地湾遗址，就位于今天的天水市秦安县。之后，藏缅语族各民族的先民逐步由西北移向西南，沿着藏彝走廊中岷江、大渡河、雅砻江、金沙江、澜沧江、怒江等六江流域迁徙，往南一直到达中南半岛的今越南、老挝、柬埔寨、缅甸，以及印度、巴基斯坦、尼泊尔、不丹等国。壮侗语族源于古代百越，兴起于长江流域以南广大地区，目前多数学者认为距今7000—3500年前的新石器时代的河姆渡文化就是由壮侗语族的先民创造的。之后，壮侗语族的各民族先民从南向北迁徙，最北到达淮河流域，最西北则到达四川盆地西部边缘。苗瑶语族，源于古三苗系，又称苗蛮系，原居住于黄河流域，后集中于长江中游，即"左洞庭，右彭蠡（泽）"地区。之后苗瑶语族各民族由东南向西南迁徙，最南到达中南半岛，最北到达金沙江上游。

以上三大族群的发源、迁徙，从新石器时代秦安大地湾一期文化，即距今约8000年前开始，就逐步成为中国文化和中华民族的重要组成部分。他们中的一部分进入中原，构成汉族的先民华夏人，一部分则得以保存并发展成为今天的少数民族。

（二）多民族杂居与聚居

西南绝大多数少数民族都以或大或小的聚居区同汉族居住区交错穿插，从而形成在地域分布上以汉族为主体的各民族"大杂居、小聚居""又杂居、又聚居"的分布格局。其特点如下：

一是西南地区不论整体还是部分，都呈现出"夷汉杂居"的格局。特别是明清时期大量汉人涌入云贵地区，出现广泛的汉夷杂居格局。同时，汉、夷的地理分布有城乡和地形等方面的差异。例如，云南、贵州、广西等省区汉人大多居住在城镇周边，而少数民族多居住在城镇之外的乡村；汉人居住在平旷之处，少数民族则傍谷而居。如此一来，随着长期的文化交往，杂居地区的少数民族深受汉文化的影响。

二是大部分少数民族在地理分布上相对集中。例如 2010 年第六次人口普查时，壮族人口有 1692.64 万人，分布于广西的壮族人口就达 1444.85 万，占全国壮族人口总数的 85.36%；傣族 126.13 万人，其中云南达 122.20 万人，占全国傣族人口总数的 96.88%。其他一些民族如拉祜族、佤族、景颇族等都表现出集中分布或跨区域连片分布状态。

三是一些民族兼有散居和聚居两种形式。例如，壮族、苗族等民族在其聚居区外，仍有相当数量的杂散居人口广泛分布；同时在某些民族散居地区又有相对的集中，如主要分布在广西、云南、贵州等省区的瑶族，其分布特点是大分散、小聚居，主要居住在山区。

四是大多数民族以村为单位聚居山区，表现为各民族居住环境以高山为主，以天然地势来划定同周围其他民族的居住地域。如人口较少的怒族，主要分布在云南省怒江傈僳族自治州的贡山独龙族怒族自治县、福贡县及兰坪白族普米族自治县，大多居住在海拔1500—2000米的山腰台地上。因其生存环境恶劣，土地资源贫乏，故怒族一般以血缘为单位构成一定的聚居村落。每村规模大者150户左右，中等者四五十户，小者不足10户。

五是他们大多是农业民族。除藏族地区的部分牧区外，从古至今，属于农耕形态的有云南的彝族、白族、壮族、回族、纳西族、水族、布依族、瑶族、蒙古族、苗族以及四川羌族等民族。这些民族世世代代耕耘着脚下的土地，创造出山地农耕文明。

六是少数民族地区人口密度低，地域间差别大。同全国民族地区一样，中国西南少数民族地区人口密度很低。

七是有不少的少数民族分布在沿边一线，跨境而居，如云南与越南、缅甸、老挝接壤，有8个州（市）的25个县（市）的100多个乡镇分布在边境一线，其中近60%为少数民族，16个少数民族跨境而居，形成地相接、山相连、水相通、人相往的居住格局。

可以说，各少数民族尽管形成时间早晚不一，但都以异常复杂多样、天然阻隔遍在的自然地理环境为基础，各自发展出足以令人惊叹的文化，更通过各种形式的文化交往和融合，以及经济活动的互补等结成种种联系，丰富着统一多民族国家发展的历史内容。[①] 这就是今日西南传统村落所具有的独特烙印，它奠定了其文化遗产传承与发展的基本路径。

---

① 王文光，朱映占.中国西南民族史研究论纲[J].西南边疆民族研究，2010（1）：24-49.

第三节
西南传统村落总格局

20世纪80年代"古村落"一词被提出。[①] 2012年，国家四部委联合颁布了《关于开展传统村落调查的通知》，首次提出"传统村落"的定义，即"村落形成较早，拥有较丰富的传统资源，具有一定历史、文化、科学、艺术、社会、经济价值，应予以保护的村落"。截至2020年，中华人民共和国住房和城乡建设部网站先后公布了五批共6819个传统村落，占全国行政村总数的0.99%左右。其中，第一批名录646个，第二批名录915个，第三批名录994个，第四批名录1598个，第五批名录2666个。这些传统村落数量众多，分布广泛，但各地区地理环境不同，致使传统村落在空间分布上呈现出较强的不均衡性。学者对我国整体传统村落的空间布局特征进行分析，发现中国传统村落呈现"核心—边缘型"分布特征，四大核心即以浙江西南地区为核心的浙闽赣皖片区，以贵州黔东南地区为核心的黔湘桂渝片区，以山西晋东南地区为核心的晋冀豫片区，以及以云南西北地区为核心的滇西北片区。西南地区以云贵两省为代表的传统村落数量最多，分布密度很大。下文介绍西南片区传统村落的空间格局特征。[②]

[①] 冯骥才. 传统村落的困境与出路：兼谈传统村落是另一类文化遗产[J]. 民间文化论坛，2013（1）：7-12.
[②] 高楠，郇超，白凯，等. 中国传统村落空间分异及影响因素[J]. 陕西师范大学学报（自然科学版），2020，48（4）：97-107.

一、数量巨大

截至目前,贵州、云南、广西三省区的传统村落共有 1712 个,占全国传统村落总数量的 25.11%。对省域层面数据进行分析,以全国传统村落平均值 220 个为基准,有 11 个省区市的传统村落数量超过全国平均水平,占全国传统村落的 79.03%。其中贵州以 724 个传统村落数位列全国首位,占全国传统村落总数的 10.62%,云南 708 个、湖南 658 个、浙江 636 个、山西 550 个、福建 494 个、安徽 400 个;以上 7 个省份传统村落数量均超过 400 个,合计 4170 个,占全国传统村落数量的 61.15%。

对市、县层面数据进行分析,全国 309 个地级市(含自治州、盟、地区)分布有传统村落,占全国地级市总数的 85%。其中,贵州黔东南苗族侗族自治州以 409 个传统村落数位列全国地级区划首位,占全国传统村落总数的 6%。安徽黄山市歙县以 148 个传统村落数位列全国县级区划首位,而贵州黔东南苗族侗族自治州黎平县 99 个、云南腾冲市 86 个、贵州黔东南苗族侗族自治州从江县 82 个、浙江丽水市松阳县 75 个、贵州黔东南苗族侗族自治州雷山县 71 个,位列其后。全国排名前 20 位的县级区划传统村落数量占全国总数的近 1/5。

表 1-1　西南传统村落数量一览表

单位:个

省区	第一批	第二批	第三批	第四批	第五批	合计
贵州	90	202	134	119	179	724
云南	62	232	208	113	93	708
广西	39	30	20	72	119	280

表1-2 西南传统村落空间分布特征[①]

省区	空间分布	具体表现
贵州	线状式分布，受地形等影响明显	贵州村落分布呈现既广泛又集中的状况，民族分布区界并非泾渭分明，而是大分散中有集中，聚集中有杂散居，杂散居中又有相对的小集中居住
云南	整体呈现西多东少的分布特征	云南村落分布总体上西部多，东部少，少数民族聚集区多，知名旅游目的地周边多，交通干线沿线少，经济活跃的城市周边少
广西	分散式分布，东北—西南式分布	广西乡村聚落分布较为广泛，全区不同地区均有分布。其中，以东北部地区分布最为密集，西南—东南部地区相对较多，西北部分布较少

二、分布不平衡

中国传统村落空间分布平均密度7.058个/万平方千米，超过全国传统村落空间分布平均密度的有18个省区市，其中浙江传统村落空间分布密度最高，达到60.28个/万平方千米，而西南区域的贵州省，与福建、山西、湖南、安徽、江西等省一样，其传统村落空间分布密度超过20个/万平方千米。其中，黔东南、滇西北是明显的聚集区，且空间分布具有显著的空间自相关；[②]西南地区省（云南、贵州）、市级（大理、保山、黔东南、铜仁、安顺）等区域的传统村落分布密度很高。[③]

[①] 张江峰，刘晓鹰，王莉. 西南民族地区乡村聚落分布特征及城镇化水平测定[J]. 中国农业资源与区划，2020（6）.
[②] 刘大均，胡静，陈君子，等. 中国传统村落的空间分布格局研究[J]. 中国人口·资源与环境，2014，24（4）：157-162.
[③] 康璟瑶，章锦河，胡欢，等. 中国传统村落空间分布特征分析[J]. 地理科学进展，2016，35（7）：839-850.

贵州省目前国家级传统村落共有724个，地域分布极不均衡，集中分布在东部地区，特别是在黔东南苗族侗族自治州分布密度最高，其东南部的黎榕、雷公山一带许多村落彼此相邻，这里也成为全国传统村落最为密集的地区。铜仁市传统村落也较多，贵州中部、西北部都较少。从传统村落在各县（区市）的分布看，贵州全部88个县（区市）中拥有传统村落分布的共56个，传统村落在10个以上的县（区市）有石阡、松桃、德江、沿河、印江、思南、剑河、台江、雷山、黎平、从江、榕江、西秀和三都等，其中黎平县传统村落最多。

表1-3 贵州传统村落分布

单位：个

地区	第一批	第二批	第三批	第四批	第五批	总计
黔东南苗族侗族自治州	60	165	51	33	100	409
铜仁市	12	29	33	25	11	110
黔南布依族苗族自治州	7	1	8	20	32	68
安顺市	4	3	27	22	11	67
遵义市	3	3	7	12	14	39
黔西南布依族苗族自治州	1	0	3	3	4	11
六盘水市	0	0	5	4	1	10
贵阳市	3	0	0	0	4	7
毕节市	0	1	0	0	2	3
合计	90	202	134	119	179	724

目前云南省共有传统村落708个[1]，各州市入选的传统村落数量、分布密度均相差很大。例如大理白族自治州、保山入选村落并列第一，均达130个，紧跟其后的是红河哈尼族彝族自治州124个。名列前三的行政区共入选传统村落384个，占全省总数的54.24%。丽江和普洱分别为54和39个，临沧和玉溪均为36个。接下来依次是楚雄彝族自治州、迪庆藏族自治州、昆明、文山、德宏傣族景颇族自治州、曲靖、西双版纳傣族自治州、昭通，怒江傈僳族自治州排在最后，目前只有8个村寨入选传统村落。从密度指数看，云南16个州市入选村落的平均密度为15.795个/万平方千米，平均值以下的行政单位有11个州市，其中怒江由于入选的村落数量偏少，又地广人稀，平均密度不到6个/万平方千米；大理、红河、保山、丽江、玉溪5个州市入选村落密度超过平均值，保山、大理、红河超过30个/万平方千米。[2]

表1-4　云南传统村落分布

单位：个

地区	第一批	第二批	第三批	第四批	第五批	总计
大理白族自治州	15	42	37	17	19	130
保山市	5	59	30	8	28	130
红河哈尼族彝族自治州	6	10	51	40	17	124
丽江市	10	18	20	4	2	54
普洱市	8	20	9	2	0	39
玉溪市	1	7	6	14	8	36
临沧市	8	12	8	6	2	36

---

[1] 本套丛书中迪庆藏族自治州被纳入《藏蒙传统村落》，故本书所指的云南省传统村落总数是687个，未将迪庆藏族自治州记录在内。
[2] 颜梅艳.云南传统村落空间分布及发展路径探究[J].城市地理，2017，（20）：24-25.

续表

地区	第一批	第二批	第三批	第四批	第五批	总计
楚雄彝族自治州	1	6	13	2	1	23
昆明市	0	7	13	0	0	20
文山壮族苗族自治州	1	8	5	3	3	20
德宏傣族景颇族自治州	1	5	4	6	3	19
曲靖市	2	5	3	5	2	17
西双版纳傣族自治州	3	12	0	0	2	17
昭通市	1	7	1	3	2	14
怒江傈僳族自治州	0	1	1	2	4	8
合计	62	219	201	112	93	687

具体而言，目前广西传统村落数量为280个，空间分布平均密度为11.67个/万平方千米。就地市层面来说，桂林市密度最大，达49.64个/万平方千米，贺州市密度次之，为36.44个/万平方千米，第三为玉林市，密度为17.19个/万平方千米，百色市密度最低。就区县层面而言，桂林市雁山区的传统村落空间分布密度为广西全区最高，桂林市叠彩区次之，桂林市传统村落的数量和分布密度都远高于广西其他地区。

表1-5 广西传统村落分布

单位：个

地区	第一批	第二批	第三批	第四批	第五批	总计
桂林市	19	12	18	36	53	138
贺州市	6	7	1	18	11	43
柳州市	6	1	0	8	13	28
玉林市	2	1	1	2	16	22
来宾市	1	1	0	0	9	11
南宁市	1	3	0	0	6	10

续表

地区	第一批	第二批	第三批	第四批	第五批	总计
钦州市	1	3	0	0	3	7
贵港市	0	0	0	0	5	5
河池市	0	1	0	3	0	4
北海市	0	0	0	2	1	3
崇左市	0	0	0	2	1	3
百色市	3	0	0	0	0	3
梧州市	0	0	0	1	1	2
防城港市	0	1	0	0	0	1
合计	39	30	20	72	119	280

三、与少数民族人口分布近乎重合

西南地区的传统村落不仅地理分布广泛，而且聚居民族种类众多，具有民族特色的传统村落数量占比较高。调查发现，西南传统村落中，少数民族村落占到总数的60%—70%，涉及20多个民族。西南地区民族迁徙历史复杂、变化较多，传统村落与少数民族人口分布具有明显的重合性。贵州有苗族、侗族、布依族、水族、仡佬族、土家族等特色民族聚居村落，云南有彝族、白族、哈尼族、壮族、傣族、傈僳族等特色民族聚居村落，广西有壮族、瑶族、苗族、侗族、仫佬族等特色民族聚居村落。①

---

① 余压芳，赵玉奇，曾曾，等. 西南地区传统村落文化空间的识别需求[J]. 贵州民族研究，2020，41（6）：74-78.

四、与人文地理要素密切相关

西南传统村落类型众多，既有山地型又有平坝型，既有偏远山区型又有邻近城市型，既有人口外流型又有人口置换型，既有农耕型又有游牧型，既有单一产业型又有产业融合型，既有单一民族型又有多民族混合型。西南传统村落在演进发展过程中，除了受自然地理因素的持续影响外，人文地理因素也直接干预了传统村落的现状分布，并在社会层面构建起村落间的隐形纽带，包括民族语系、文化区划、人口分布、交通道路、城市圈布局等。以民族语系为例，滇西北白族、黔东南苗族区域和湘贵交界处的土家族、苗族、侗族区域等，有着明显的传统村落集聚现象，且不少少数民族传统村落集聚区域均打破行政界线，交界处集聚区边界与民族分布界线重合度较高。换言之，语系分布区界与行政划分的省界并不一致，相反与大部分传统村落的空间集聚区域重合度较高。这些都构成了西南传统村落的独特性，增添了其文化传承与发展之议题的复杂性。

五、具有少数民族非物质文化遗产载体功能

西南地区的传统村落由于地理、人文、交通、城市化等多种因素的影响，保存了较为独特的民族小聚居的村落环境。其非物质文化遗产丰富多样，村寨本身较为典型地体现了在相对集中的地理范围内的特色民族文化遗产载体功能。如贵州黔东南苗族侗族自治州集中分布的侗族传统村落承载的世界非物质文化遗产——侗族大歌、云南西南傣族聚居区的传统村落承载的傣剧、广西瑶族传统村

落承载的瑶浴等，都是国家级非物质文化遗产。传统村落中的文化表现形式由于其鲜明的特色和易识别性，自 2006 年以来，分期分批被列入世界级、国家级、省级、州市级、县级等非物质文化遗产名录。

第二章

西南传统村落的成因与类型

中国传统村落文化抢救与研究

文化区系列

Chinese Traditional Villages

第一节
自然地理基础

任何一个民族都占有一片特定的自然空间，这片空间中所有自然特性——不同气候带、植被区、地貌区等构成了该民族特有的自然生境。作为多民族居住的西南地区，其自然环境十分复杂，在地理区位上，西南区处于亚欧板块、印度洋板块的交界地带，新构造运动强烈；加之石灰岩分布广，流水侵蚀，溶蚀作用显著，因而地表极为破碎，成为我国乃至世界最为险峻的地区之一。[①]

在地貌形态上，本书所讨论的西南地区不包含四川盆地和青藏高原，主要指云贵高原的高山山地丘陵区，其主要范围包括贵州全境、云南的南部和中东部及广西北部山地。云贵高原是我国南北走向和东北—西南走向两组山脉的交会处，地势西北高、东南低，大致以乌蒙山为界，分为西南的云南高原和东面的贵州高原两部分，是世界上岩溶地貌发育最典型的地区之一，山高谷深，河流纵横，气候温暖，湿润多雨。云贵高原海拔在2000米以上，高原地形较为明显，高岩地貌保存良好，山地顶部多呈宽广平坦地面，或呈和缓起伏地面；连绵起伏的山岭间，有许多湖盆和坝子；山岭基本上以南北走向为主，如点苍山、乌蒙山和龙山等。东部主要在贵州境内，海拔在1000—1500米之间，起伏较大，山脉较多，高原面保留不多，称为山原，山岭基本上是东北—西南走向，如大娄山、武陵山

---

① 杨军昌. 西南民族人口文化研究[M]. 北京：中国社会科学出版社，2015.

等。云贵高原是西南多民族生息繁衍的主要区域。

西南地区的气候主要为亚热带季风气候、高山寒带气候与立体气候，区域南端还分布有少部分热带季风雨林气候区，干湿季分明。西南地区江河资源密布，中部和北部以长江流域的河流为主。南部和西部则分属珠江流域、元江（红河）流域、澜沧江（湄公河）流域、怒江（萨尔温江）流域、伊洛瓦底江流域、恒河流域和印度河流域。复杂多样的地形地貌以及气候水热条件，使该区蕴含了丰富的生物物种资源，成为北半球绝大多数生物群落类型和除沙漠与海洋外的各类生态系统的聚合区；该区被生物界誉为全球生物多样性最丰富的地区之一和世界级的基因库。

高耸的高原和山地，低缓起伏的丘陵，平坦的山间盆地和坝子是西南地区地貌的真实写照，各种地貌交错分布、地形起伏急剧和垂直变化明显，不仅限制了传统村落的选址位置和平面格局，同时对村落内外交通、人员交流、建筑形式、村落规模等方面起到了一定程度的制约作用[①]，使得该区域内各民族村落的分布既呈现出水平空间分布的规律性，又存在着立体分布规律性，即所谓"十里不同天，五里不同俗"。例如，滇东南民族立体空间分布的情况是：苗族住山头，彝族住坡头，瑶族住箐头，壮族住水头，汉族住街头；贵州地区民族的立体生态分布是"高山苗家，水家、仲家、布依、仡佬住在石旮旯"。在云南与东南亚地区的跨境民族中，苗族、瑶族、佤族等民族多住在高山地区，拉祜族、哈尼族、景颇族等民族多住在半山区，傣族、壮族、布依族等主要居住在

---

① 赵永琪，田银生. 贵州少数民族特色村寨的空间分布及影响因素[J]. 小城镇建设，2019，37（8）：71-78.

河谷平坝和丘陵地带。①

复杂多样的自然条件及生存环境，还为西南不同地域单元内的人们因地制宜地发展农、林、牧、副、渔等不同类型的经济，以及狩猎、采集、种植等不同的生产活动奠定了基础；同时使得西南地区形成诸如河谷坝区稻作经济文化类型、山地农耕经济文化类型、山地牧耕经济文化类型、山地耕猎经济文化类型、高原游牧经济文化类型等生计方式和文化生态。30多个世居民族在这片地貌复杂多样的土地上，在多种经济形态始终共存的环境中，生息繁衍，使西南成为世界上著名的多民族区域，成为我国少数民族文化的宝库。

第二节
文化生态学解释

由上节可以看到西南地区自然地理基础和生态的多样与复杂，同时由于众多族群的分布，其文化生态也多样与复杂。首先，从西南地区内在特性来看，表现在西南地区的30多个少数民族中，有一些在20世纪中期还停留在不同社会发展阶段，这些少数民族的传统文化较多保留了不同社会发展阶段的遗风遗俗和异化形态，不同地

---

① 吴家鹏.浅析西南地区少数民族分布多样化的形成原因[J].中国民族文博第5辑，2013：405-413.

域之间经济生活、宗教信仰等各不相同，但又彼此交流融合。其次，从西南地区与周边互动来看，历史上许多少数民族地区游离于王制之外，与中央王朝缺乏名正言顺的统属关系。自秦汉时期起，西南地区的边界不断扩张，各中央集权政权逐渐强化对西南地区的开发与管理。在经历了移民垦殖、军事征讨、羁縻州治、土司制度、改土归流等中央王朝的强权开拓以及历史上不断的民族纷争之后，各民族文化之间出现了"大杂居，小聚居"的历史事实。同时，西南地区由于历史上较为频繁的多种民族的迁进迁出（包括数次汉民族迁入），加之与缅甸、老挝、越南、印度、泰国等国家相邻，形成了地区内多民族广泛杂居、跨境民族众多且联系密切的民族文化特征。最后，从西南地区所处的文化环境来看，北方的游牧文化与东亚大陆的农耕文化、西太平洋的渔猎文化在这里相会；中原的儒家文化和源自巴蜀的道家文化在这里繁衍生息；源于印度的佛教与途经该地的伊斯兰教由此向内陆扩张；西方的基督教与我国少数民族在这里相合；茶马古道、南方丝绸之路在这里相贯。各个文化物种在此相互渗透、转化、融合、共生，形成了西南地区复杂多元的文化格局。[①]

　　西南文化是西南地区各民族在社会发展过程中创造的物质技术、社会规范和观念精神的总和。其文化种类繁多，多元共生，这种多样的文化现象呈现出复杂的系统特性。若是借用生态系统理论，西南文化本身也是一个生态系统，是一个自然系统、社会系统等文化环境相互联系而融合构成的有机整体。文化是在宏观

[①] 李建华，夏莉莉. 文化生态层级理论下的西南聚落形态——以大理喜洲聚落为例[J]. 建筑学报，2010（S1）：55-57.

上由物质文化、社会文化和精神文化组成的自身具有生命特征和有机联系的三位一体化系统。村落文化在某种意义上属于物质文化的一部分，但是透过村落文化本质，其同时又反映着部分精神文化和制度文化的内涵。中华人民共和国成立之前，西南地区是中国社会生境最为复杂的区域，社会制度呈现立体多元状态，分别存在着原始公社所有制、奴隶制、封建领主制、封建地主所有制等不同形态。各民族的社会发展有先有后，表现形式多种多样，即使在同一民族内部，由于地区间的差别，也有许多的不平衡。有学者研究认为，西南民族中存在着18种具有典型意义的社会，并归纳为三个大类[①]：第一类是存活到20世纪的原始民族社会，如澜沧拉祜族的"底页"、贡山独龙族的"其拉"、金平拉祜族的"卡"、勐海布朗族的"戛滚"和景洪基诺族的"卓米"等；第二类是处于原始社会与封建社会之间转换变型的社会，其中一种正在由原始社会通过不同途径向封建社会转化，如遮放山景颇族的山官制、阿佤山佤族的部落制、大瑶山瑶族的石牌制、雷公山苗族的议榔制、黎（平）从（江）榕（江）侗族的峒款制、怒江傈僳族的共耕制和处于封建社会包围之中的凉山奴隶制；第三类是有多种模式的封建领主社会，如永宁纳西族的与母权制相结合的封建领主制、西双版纳傣族在村社联合的基础上形成的封建领主制、黔桂边境壮族和布依族的亭目制、黔西北彝族把封建领主制与家支制度合为一体的则溪制。而在西南的坝区和半山区的彝族、白族、壮族、回族、苗族、纳西族、水族、布依族、侗族、蒙古族、土家族等民族，则处于与汉族之前大体相同的封建地主制经

---

① 杨军昌. 西南民族人口文化研究[M]. 北京：中国社会科学出版社，2015.

济阶段。此外，在白族、纳西族等地区已开始出现资本主义经济成分。不同的社会形态是各民族经济社会发展进程差距大、发展水平不平衡的客观标志。

认知西南地域文化所呈现的异质性和多元性特征，厘清这些纷繁复杂的文化现象，是理解西南传统村落成因及其类型的基础。由于西南传统村落所面临这一外部环境的多元性，文化生态学的观点为其提供了有力解释。文化生态学最早在1955年由美国文化人类学家朱利安·海内斯·斯图尔德提出，其含义是研究不同地域环境下文化的特征及其类型的起源，即研究环境对文化的影响和文化与环境之间的相互关系，这里的环境不仅包括自然环境，也包括文化环境。文化生态学在解释文化现象时借用了生态学的若干概念，发展出了诸如文化生态圈、亚文化生态圈、生态位、文化生态丛、文化生态簇、文化网络、文化链条、文化群落等概念。

从文化生态学视角分析西南村落文化内部，其明显是分层级的。可以认为西南文化生态圈是西南文化生态层级理论的顶层，西南文化生态圈的次一级包含有宗教亚文化圈、民族亚文化圈、经济亚文化圈等多个亚文化生态圈。文化生态丛是亚文化生态圈的下一个层级，对亚文化生态圈整体发生作用。如西南民族亚文化生态圈中可有傣族文化丛、苗族文化丛、藏羌文化丛、彝族文化丛、壮族文化丛等多个文化生态丛集，宗教亚文化生态圈下可有道教文化生态丛、佛教文化生态丛、基督教文化生态丛等多种文化生态丛集。文化生态簇从属于文化生态丛，如佛教文化生态丛中又由藏传佛教和上座部佛教（小乘佛教）文化生态簇组成。至此，西南村落文化从上至下形成文化生态圈—亚文化生态圈—文化生态丛—文化生态簇的层级结构。

将视野转向西南文化生态圈外部，厘清其与周边文化圈的关系，有助于更好地理解西南地区内部村落文化的多元共生现象，并以此为基础理解村落的成因与类型。尽管专家学者对中华文化圈的划分众说纷纭，但对西南文化生态圈的周边文化区认知却较为趋同：西南文化生态圈是被诸多文化区环绕的地带，其周边成体系的古代文明高度发达——其西北是古代从陕、甘、青向南迁徙并与西南民族融合的"氐羌文化圈"；其北方是对其产生长久影响的"中原文化圈"；其东北是长江中游，自新石器时代起已形成的"楚文化圈"；其东南是与西南民族有深厚渊源的"百越文化圈"；其南方是地理相连、历史相关，且许多民族长期居住在两个以上的国度，但在族源上、语言上、文化习俗上却有天然联系且无从割断的"东南亚文化圈"；其西方是青藏高原王权与宗教结合的"藏文化圈"。西南文化生态圈在世界更大范围内还受到亚太干栏建筑文化带、东亚半月弧文化带、边地半月形文化传播带等文化带的持续影响。

由于有着这样复杂的自然与社会生境，为征服和利用生境的需要，西南各民族在累世累代的延续中创造出各自特有的文化，以维系自己的"这一个"人群共同体，在生境、经济生活、语言、习俗、社会组织、认知方式、族名、信仰、伦理道德等诸多方面，稳定而系统地呈现出与其他地区人群共同体的差异。如今，西南地区被视为多姿多彩、原汁原味的原生态文化区，原因除了复杂的自然生境、发展进程不一等因素外，与其长时间处于立体的社会生境关系密切。因此，当谈及西南传统村落的保护与发展时，必须认识到，从新中国成立之初，到经过社会改革向社会主义社会过渡，再到当代中国社会的现代化进程，西南各民族的确一直并将持续凭借其文化的内涵丰富、复杂多样和立体而留存久远，一方面保持自己的独特性，另一方面也努力呈现出自己的与时俱进。从这一角度而言，西南传统村落的保护与发展，也必定有着与国内其他地区与众不同的任务和侧重点。

第三节
西南传统村落的主要类型

西南地区自然地理环境异常复杂，社会文化生境多样立体，民族成分众多。按照不同分类方式，西南传统村落可分为不同类型。如以地貌形态来讲，村落可分为山地型、平原型、谷地型等。如以民众的生计方式来分，相应地呈现为多种不同类型，包括农业型、贸易型和军事防御型等。如濮人以耕田为业，定居而成土著，住干栏式房屋；彝族是随畜迁徙，逐渐转化为且耕且牧；苗瑶长期沿袭刀耕火种的农耕方式，是典型的山地民族；百越民族惯居平坝，常住水滨，耕种水田，是稻作民族。由于西南地区文化多元共生的格局，生活其中的村落又是其文化的外在物化形式，因此，对西南传统村落类型的划分，文化应是一个理想视角。以文化作为研究视角，以西南文化生态圈内的各个亚文化群落为基点，本书将西南传统村落类型划分为经济型、宗族型和军事型等几大类。

一、经济型

西南地区总体上分为游牧经济、刀耕火种农业经济和水田稻作农业经济三大经济文化丛,但是由于民族众多、生态环境各不相同,为了适应不同的生存环境,各民族又出现了诸多具体生计模式,如水田稻作农业经济、刀耕火种山地经济、山地耕牧经济、采集狩猎经济、高山草场畜牧经济和渔耕经济等经济文化簇,可见农业经济是西南各民族最主要的经济类型。此外,由于经济差异产生商品交换,使一部分人脱离农业生产成为专职从事贸易的商人,贸易集散地也随之出现,形成一类商贸村落。

(一)农耕村落

农耕村落的形成源于人对土地的依赖。西南地区可耕作的土地大多分布于河谷与河流的边地、缓坡以及平坝区域,高山深谷和地理生态环境恶劣的地区不适宜农作物生长,所以西南农耕村落大多分布于交错的河谷、台地以及平坝区域,而较少在贫瘠的山脊和山腰,总体呈线状和簇状分布格局。下面主要介绍水田稻作型和刀耕火种型村落。

1. 水田稻作型村落

哈尼族村落是典型的水田稻作型村落,哈尼族人有效利用从山顶森林区流下的水,并使其经过村寨,方便人们日常生活。水从村寨再流到田地,作为灌溉用水,最后汇集到河谷,形成了独特的梯田文化景观。再如贵州省铜仁市气候为雨量充足的亚热带湿润季风气候，适合水田稻作，大部分传统村落都属于水田稻作型。铜仁市很多村落周围都有坝子或梯田。云南西双版纳傣族自治州的傣族村落也是典型的水田稻作型。

2. 刀耕火种型村落

刀耕火种型村落一般分布在边远山区。刀耕火种属于游耕（撂荒）农业的一种，因生产力不发达，它没有固定的农田，主要生产工具是刀、斧。具体来说，农民先把地上的树木全部砍倒，对一些大树先割去一圈树皮，让它枯死，然后再砍倒。已经枯死或风干的树木被火焚烧后，在林中清出一片土地，用掘土的棍或锄，挖出一个个小坑，投入种子，再用土埋上，靠自然肥力获得粮食，种后也几乎没有任何管理措施，只需驱赶鸟兽。连续种植和休闲期，各地区不同，有种植一年就撂荒，也有种植两年、三年、五年、十年不等再撂荒。随着地力衰竭，荒草蔓延，土地就被抛弃，靠自然植被再生来保持土地肥力，然后用同样烧荒方法另行开拓土地。显然，刀耕火种土地利用率很低，这属于原始农业生产方式。

在 21 世纪的今天，这种农业形态在边远民族地区仍顽强存在，如云南的景颇族村落。景颇族主要生活在海拔 1500—2000 米的云南边境山区，其祖先最早发源于青藏高原，之后逐渐向云南边境的亚热带雨林迁徙。在漫长迁徙过程中，景颇族不断改变生活生产方式，以适应生态环境变化，经历了游牧—狩猎—采集—刀耕火种的变迁。景颇族的刀耕火种主要分为两种类型：第一种类型是无轮作刀耕火种，这是云南很多刀耕火种民族早期的、基础的生产形态。无轮作刀耕火种实行不挖不犁耕作，一块地只种一年就弃耕休闲，形成一个有序的垦休循环圈；第二种类型是轮作刀耕火种，其耕作方式为第一年砍伐焚烧、播种、收割，第二年使用锄头先铲草挖地或使用牛犁后播种、除草、收割。如今，随着对刀耕火种的深入了解，人们开始正视这种农业生产方式的独到之处，包括对自然资源利用的朴素生态观，刀耕火种型传统村落也愈发凸显其魅力。

（二）商贸村落

商贸村落一般要伴随农耕村落形成。西南地区物产丰富，随着工商业的发展以及历代王朝对西南地区的开拓，丝绸、布匹、筇竹以及盐、铜和铅等商品通过交通线被交流输送，源源不断地与外界甚至是国外发生着贸易往来，催生了诸多的商业村落。从空间分布来看，贸易型商业村落大多分布于西南古代丝绸之路、长江水道、茶马古道、盐业古道以及铜铅运道等西南商业廊道，形成了线状分布格局。具体来讲，其位于一些人口相对稠密的地方，不同社区相互比邻的地点，及传统交通要道、河谷阶地和平坝处。[①]

二、宗族型

宗族是一个相对宽泛的概念，学者对其认识、规范和表述各不相同。宗族村落是指由具有同一血缘关系即同祖宗的人们所形成的村庄、山寨，或由具有强烈的同一群体意识的几个家族组成的村

---

① 万红. 中华西南民族市场论[M]. 北京：中国经济出版社，2006.

寨。① 西南地区宗族村落又分为由移民形成和本地自发形成两种基本方式。

（一）移民形成的宗族村落

历史上秦灭巴蜀统一全国后，揭开了西南大规模开发的序幕。西汉时期大批移民从中原进入西南，这一时期移民来源不尽相同，普通移民、流放者、迁虏与豪强以及自发移民均有，移民中多采取"家属舍人同行"等制度，为中原宗族文化向西南的传播大开方便之门。宋代是我国宗族制度由门第等级型宗法制度向庶民型宗法宗族制度过渡的重要时期，至明清时期宗法伦理制度完全庶民化，以祠堂为标志的宗族制度得到大面积推广，宗族组织成为当时全国普遍的基层社会组织。恰在明清时期，西南地区经历了两次影响重大的移民潮：一是明洪武时期的大举征滇，大量的外省移民遍布云贵高原的战争路线之上，"中原故习"在这些移民中被因袭下来，其中作为中原文化重要内容之一的宗族文化更是对这些移民聚族而居的村落形态影响重大；二是清代前期的大规模移民运动，使以湖广地区为代表的大量移民进入西南地区，四川和重庆的移民比例最高，贵州其次，且多分布于黔北、黔西、黔南和黔中地区，云南最少，主要分布于滇东、滇北和滇中地区，其中云贵地区中又多在黔北和滇东地区。

---

① 斯心直. 西南民族建筑研究[M]. 昆明：云南教育出版社，1992.

（二）本地自发形成的宗族村落

20世纪50年代以前，大多数西南少数民族仍处在原始社会末期或向阶级社会的过渡阶段即氏族社会阶段。很多少数民族如怒江地区的怒族、独龙族、傈僳族等民族，澜沧地区的佤族、拉祜族等民族，元江沿岸的哈尼族，镇康等地的德昂族，西双版纳的布朗族、基诺族等民族以及部分彝族多聚居在这种密集度较高的以氏族为代表的宗族村落中，这种村落类型在西南少数民族地区中分布较广，比较常见。如彝族的"家支"体系使其村落形成以祖灵洞、祭祖大典场地、蒙格家支会议地点为中心的，由若干拥有自身固定区域的家支村落组成的大的彝族宗族村落群。由于很多民族禁止氏族内部通婚，每个部落必须至少包括两个氏族才能独立存在，因此不同的宗族、家支或氏族共同聚居的村落也属于宗族型村落。如基诺族的村落中通常就有两个氏族，一个族长是"寨父"，另一个族长是"寨母"。

宗族村落的特点是基本每个家族都建有本族宗祠，并且每年都要举行一定规模的祭祀活动。从聚居主体来看又可分为单姓宗族村落、杂姓宗族村落和亲族聚居宗族村落三大类型。由于民族、历史、自然环境等因素的影响，簇居、散居、长屋是西南地区宗族村落的主要形态类型。如在苗族某些宗族村落中，多是同一房族、同一家族、同一姓氏或同一宗族的具有血缘关系的人们簇居，并不断以群体意识和集体力量来强化血缘纽带。此外，多家族、多房族、多姓氏组成的合族而居的簇居形态在西南少数民族村落中也较为常见，但各宗族群体中血缘纽带的联系仍是村落中一种基本形式。当肥沃的平原、平坝区域内的土地已经被占用之后，宗族内各个家庭为了寻找适合的开垦之地，便不得不分散而居从而形成散居。长屋是大型长方形住屋，用于共同聚居，如历史上云南剑川海门口就有长屋遗址，基诺族、景颇族、布朗族、金平瑶族和拉祜族、贡山独龙族和居住在西南边境上的德昂族也有长屋。

三、军事型

西南地区由于民族众多，自古以来民族间纷争较为普遍，如彝族、羌族等都被认为是"好战"的民族。因此西南区域不仅有因内部民族纷争而形成的防御型村落，还存在因历代王朝对西南用兵而产生的军事文化村落。西南典型的军事防御型村落有堡寨和弓堡两种类型。

（一）堡寨

堡寨防御型村落的重要特点之一是村落周围有明显的防御边界，边界形态随着人类历史的发展，民族文化、经济社会类型甚至建造技术的不同而不同。以贵州丙安堡寨为例，丙安村选址于赤水河与小溪交汇处的扇形冲积平坝之上，背靠高山，台地与河面高差30米以上，形成自然的防御边界，与狭窄的赤水河相比，有着这样的地貌和区位的村落既是要塞也是险址。为了强化防御功能，寨中的住屋也都建于高悬河面的岩石之上。聚落内的商业走廊通过一个悬索桥将主要的寨门与河对岸相连，在整体上形成了视野开阔、风雨不透、严密紧凑的防御堡寨。

图 2-1
丙安堡寨

（二）屯堡

屯堡作为明朝对西南地区用兵留下的军事文化遗存，是西南重要的军事防御型村落。

屯堡村寨多采用随处可取的石板盖房，民居在结构、风水观上遵循江淮传统，同时结合贵州山地又有所创新，形成了独具特色的屯堡民居。

据史料记载，明洪武年间，朱元璋派大将率兵南征贵州，进攻云南，目的是消灭元朝残余势力。战事一直延续多年但并未制服西南，而反叛之火却不时重燃，威胁着明王朝的统治。后来朱元璋采纳大臣意见，以征剿与安抚相结合的策略，置官设卫，军队就留在了云贵地区。为安抚民众，稳定军心，明朝又下令推行屯田制度，屯军和家属就此立寨安居。此外，明王朝又以调北填南的举措，从中原、湖广、江南等地强行征调大批农民、工匠、役夫、商贾、犯官等迁来黔中，名曰"移民就宽乡"，发给农具、耕牛、种子、田

图 2-2
云山屯

地，以三年不纳税的优惠政策，让其就地聚族而居，与屯军一起形成军屯军堡、民屯民堡、商屯商堡。

屯堡以贵州安顺为西南最多、最典型的地区。历史上安顺战略地位十分重要，被称为"黔之腹，滇之喉，蜀粤之唇齿"。据考证，安顺地区有82个屯，148个堡，数量之多、密度之大居贵州全省之首，其分布范围包括以安顺为中心，东起平坝以西及长顺西北部、南迄紫云交界、西抵镇宁、北达普定，方圆约1340平方千米的区域，人口数十万。[1]最为有名的屯堡村落是云山屯，其保存较为完好，是明代军屯、商屯遗存的重要实物见证。云山屯既保存有防御工事的屯门、屯楼、屯墙、古街道，又有江南建筑风格的门楼、窗室，砖碉、石雕、木雕浑然一体。[2]

---

[1] 王海宁. 传承与演化——贵州屯堡聚落研究[J]. 城市规划，2008.（1）：89.
[2] 汪帆. 贵州安顺屯堡文化区历史文化村镇发展研究[D]. 西安：陕西师范大学，2016.

第三章

Chinese Traditional Villages

西南传统村落的物质文化景观

中国传统村落文化抢救与研究
文化区系列

村落是在以农业为核心的地域范围内形成的人居环境模式和生态系统，兼具着生产、生活、文化等多种功能，反映了人类最基本的聚居模式和生产生活方式。村落物质文化景观正是在承载这些丰富繁杂功能的过程中，由人与环境不断相互作用而形成的具有特定景观行为的景观体系，是各历史时期的文化背景、经济发展、意识形态等的具体物化和叠合，具有一定的地域风格和识别特征。[①]

第一节 选址与格局

一、传统村落选址

从发生学来看，传统村落是由多个传统聚落根据某种规则（如血缘、地缘、业缘关系等）共同聚集而成的较高一级的整体组织机构。因此，村落选址的地形特点不仅受自然地理环境的制约，同时还有着深刻的社会因素与历史渊源。对于位置偏僻、经济相对落后的西南地区而言，其传统村落演变过程在相对封闭的地理空间环境中进行。因此，村落选址、规划、营造都具有典型的地域特色和历史背景，反映出较高的科学性，例如地形有利、水源充足、阳光充沛、农田丰富等。此外，山的阳坡或依傍河谷的平坦地带，东西北

---

① 刘雅心.广西传统村落景观区划及保护策略研究[D].南宁：广西大学，2018.

三面有山环抱，冬季不受寒风侵袭，夏季候风循河溪吹进都是传统村落最初的选址倾向，也是西南传统村落得以保存至今的关键原因。① 总体来讲，西南传统村落选址的垂直立体特征明显，从低海拔到高海拔均有村落分布。

（一）贵州

贵州是喀斯特地貌典型区，该地貌主要集中在中西部。有统计表明，中西部喀斯特区传统村落占贵州总体数量的 28%，东部常态地貌区（局部镶嵌有喀斯特地貌）传统村落占总体数量的 72%。中西部喀斯特区传统村落主要沿"苗疆走廊"主轴与次轴分布，而东部非喀斯特区传统村落则沿古驿道支线分布，甚至广布于整个区域。由此可见，中西部喀斯特区受地形地貌尤其是山体影响，传统村落只能沿主次驿道分布，而东部受山体的影响较小；另一方面，东部驿道主干线城镇化程度较高，因此较少有传统村落分布。② 黔东南苗族侗族自治州少数民族村落是贵州传统村落的构成主体，其中又以苗族（223 个）和侗族传统村落（149 个）为主，瑶族（9 个）、壮族（8 个）和其他民族（20 个）数量次之。③ 黔东南苗族侗族自治州少数民族传统村落的分布与民族人口分布高度重合，雷山、台江、剑河是苗族分布的核心区域，素有"苗疆腹地"之称。苗族传统村落多位于地势较高的地方，其中以地势较高的雷公山和月亮山为核

---

① 周铁军，董文静.西南地区传统村落空间格局保护的内容与方法研究[C].第四届山地城镇可持续发展专家论坛，2015：529-536.
② 庞敏.贵州喀斯特地区传统村落空间肌理识别及其分异研究[D].贵州：贵州大学，2019.
③ 王东，龙红.黔东南传统村落类型及其空间分布影响因素研究[J].城市建筑，2019，16(15)：17-21，30.

心，形成一大一小两个聚居区。黎平、从江、榕江为侗族文化核心圈，也是贵州侗族分布最密集的区域。侗族是百越族群后裔，其先民最早居住于东部沿海地势平坦地区，受祖先水文化的深刻影响，其后向我国西南、东南亚的迁徙主要是沿着水系流域进行。通过漫长的历史积淀，临水而居成为侗族的文化符号，其分布以都柳江为核心区域，循着水流往北延伸至锦屏、天柱等地。黔东南地区的壮族在大范围上隶属于广西壮族聚居圈，在小范围内与其他少数民族如侗族、瑶族等杂居，主要分布于从江县的都柳江。瑶族与苗族被合称为高山民族，多居住在坡度较大的山岭地带，主要分布于黎平、从江、榕江等地，同时零星分布于榕江、黎平等地势较高的地带。

（二）云南

云南传统村落在历史因素与山水地理因素的影响下，形成了高度聚集的特征，其主要分布在大理、保山和红河三个州市，占全省数量的53%，在其他城市分布较为分散，聚集性较差。整体上，云南传统村落分布受到自然地理环境、历史文化、城镇化和交通道路的叠加影响。固东坝、丽江坝、石屏坝、祥云坝和大理坝等山间盆地海拔高度大多在1500—2000米间，有利于人类居住与村落的发展，是云南传统村落分布较为集中的区域。另外大河上游河段分布较少，中小河流中下游、湖泊周边区域，地势较平坦、土壤肥沃、利于耕作，同时为村落提供生产生活用水，为传统村落的形成发展提供了重要条件。大理市、丽江市和腾冲市为云南的重要旅游城市，传统村落旅游价值或旅游开发潜力显著，因此保留了一定数量的传统村落。

云南少数民族众多，不同少数民族的村落选址各有特色。以红河哈尼族为例，其多选择1500米左右的半山地带作为理想之居所。哈尼族认为海拔800米以下的河谷地带气候炎热，好发瘴疠，人类自身的生存和发展都受到自然环境条件的极大威胁；而海拔2000米以上的高山地带则气候寒冷阴潮，多为原始森林所覆盖，猛兽经常出没其间，人畜和庄稼均难以适应存活。而半山地带冬暖夏凉，气候适中又有利于人类的生产生活，既方便上山打猎和采集，又易于下山种田收粮。因此哈尼人的村寨，形成山的上方有森林和水系，中腰是蘑菇房，往下走着去梯田的特有空间格局。有学者将其概括为"一座山梁养一村人"的生境和"森林—村寨—梯田—江河"四度同构的生态体系。①

（三）广西

广西是西南地区最便捷的出海通道，也是中国西部资源型经济与东南沿海开放型经济的结合部，改革开放以来，其经济社会得到了较快发展。截至2020年，在全国五批次传统村落中，广西一共有280个，其中桂林市数量居第一位。从地方层面，由广西壮族自治区住房和城乡建设厅、文化厅、财政厅公布的三批自治区级传统村落名录有662个。②

就空间分布来看，广西传统村落分布整体上呈现"东北多、

---

① 邹辉，尹绍亭. 哈尼族村寨的空间文化造势及其环境观[J]. 中南民族大学学报（人文社会科学版），2012, 32 (6): 55-58.
② 张茹，陆琦. 广西传统村落空间分布及影响因素量化解读[J]. 小城镇建设，2019, 37 (4): 72-79.

西南少，山区多、平地少"的特点，存在 1 个中心区，2 个副中心区。中心区位于东北部的柳州北部、桂林、贺州西北部一线，传统村落数量最多，其中以桂林的恭城县、龙胜县密度最高；2 个副中心一个是玉林北部，包含兴业县东部、玉州区北部至北流市北部一线，另一个副中心是来宾东北部，主要涵盖了象州县东部和金秀瑶族自治县。总体上广西传统村落分布存在明显的区域不平衡性，西部传统村落较少。从村落所处自然环境来说，包括滨海型、平原型、丘陵型和山地型，其中丘陵型和山地型占主体，这与广西沿边、沿海和沿江，境内大河奔流、支流众多，地貌多样的自然环境有关，也说明了广西先民对自然条件的适应、改造和利用水平较高，村落选址较为科学。大部分传统村落依山傍水，风景优美，建筑层次分明，街巷纹理清晰，将中国堪舆文化体现得淋漓尽致。[1] 从建筑特色来看，以土坯砖或青砖黑瓦的硬山墙、悬山墙风格为主的村落占大多数，另有部分干栏式风格，而骑楼和碉楼风格、青砖黛瓦徽派马头墙风格、青砖黛瓦岭南镬耳墙风格的传统村落数量较少。

广西有句俗话："汉族占地头，壮族占水头，侗族占山脚，瑶族占箐头，苗族占山头。"台湾学者林宪德的"民居垂直分布论"认为，不同民族依循地形高度而形成垂直的族群分布，其分布逻辑是：汉族多居住在 200 米以下的河岸地区，而壮侗语族民众多占据 200—800 米水源丰富的山脚河谷区域，其村落规模通常为百户乃至千户；苗族、瑶族多位于海拔 600—1000 米的山地，其村落规模通

---

[1] 刘哲. 广西传统村落现状与保护发展的思考[J]. 广西城镇建设，2014（11）.

常为 50—100 户。①

水系不仅是过去村落与外界交流的主要出路，更是营造良好山水格局的重要景观要素。广西地区水网密集，其传统村落选址与水系关系密切。广西传统村落中均可以找到水系的踪迹，它们或是与村落相切而过，或是与村落远离，抑或是穿越流经村落，又或者是环绕整个村落。这些河流一方面满足村民生产生活的需要，一方面也体现着古代先民建村的理想风水格局，其中有些水系更是部分村落交通运输、商业贸易的命脉。因此，有学者将广西传统村落与河流的关系划分为临河、远离、贯穿与环绕四类，其中，临河主要是指村落与河流的距离在 500 米以内，远离则指村落与河流的距离在 500 米以上。

虽然广西地处西南边陲，经济发展比较落后，传统村落的占地规模、建筑形态、艺术价值等与中原、江南地区差异较大，但却凝结了厚重的历史和丰富的文化。影响广西传统村落空间分布的较重要因素有两个。首先是自然气候因素，环境的影响对传统村落最为突出。研究中发现温度与传统村落数量呈现负相关，低温地区传统村落保留较好，传统村落数量多。其次是经济发展因素，传统村落的研究、保护、开发利用需要强有力的经济支撑，就广西总体水平而言，经济发达地区在资金和政策的优势下，更有利于传统村落的保留与保护。②

---

① 潘洌. 广西传统村落及建筑空间传承与更新研究[D]. 重庆：重庆大学，2018.
② 张茹，陆琦. 广西传统村落空间分布及影响因素量化解读[J]. 小城镇建设，2019, 37（4）：72-79.

二、传统村落格局

村落在不同的自然地理环境、人文环境等因素的综合影响下，往往表现出不同空间形态。村落形态格局体现了人对自然的改造与利用的智慧。以贵州喀斯特地貌的村落为例，村落边界形态有团状、指状、带状、混合形态等；村落内部空间结构有中心集聚型、无中心集聚型、松散开放型；内部路网结构又有垂直等高线树形结构、平行等高线树形结构、网状结构、之字形结构、混合自由式结构等。[①]

以广西传统村落的空间布局形态和特征为例，村落整体布局有自由式、带状、网格形、放射状、梳式等几种类型。广西地区自由式村落一般分布在山地多、平地少，且山地、丘陵和平地多是交错分布的地区，村落建设倾向于顺应地形组织呈灵活的布局形态，规模一般较小，且无明确的中心。带状村落的主要特点是村落中的建筑多沿主要道路两侧平行或垂直分布，次要道路则呈鱼骨状垂直连通主要道路，村落的出入口则多位于主街两端，主要公共建筑多位于村口或村尾。这种布局类型多见于沿商业古道、河流水系等发展起来的村落，且部分村落过去多为较大型的商业圩市，地理区位较好。此外，村落受到地形条件的限制也会呈现带状布局，如山地型村落沿等高线呈线性分布。网格形村落多见于地势较为平坦、用地相对宽裕的地区，主要通过道路的纵横切割划分为许多网格式的单元模块，建筑则有序地分布于这些单元中。这种布局形式一般是按照先划分路网，再布置建筑的步骤进行，因此整体布局形态比较规整、方正，同时均有较为完整精细的组织。村落规模一般较大，且有明确的公共中心，礼制和风水文

---

① 杜佳. 贵州喀斯特山区民族传统乡村聚落形态研究[D]. 杭州：浙江大学，2017.

化在其中有较多体现。放射状的村落一般规模较大，整体表现为圆形或不规则椭圆形。其典型特征是一般有明确的几何中心，主要道路均由中心呈辐射状向外发散出去连接各街巷。民居则多沿街巷布置，朝向村落的几何中心，且逐渐偏移一定角度而不完全一致。村落的几何中心可以是祠堂、鼓楼等公共建筑，也可以为水塘、山包等开敞空间。梳式布局一般以一条巷道作为主轴，并在其一侧垂直布置巷道（也称冷巷），祠堂多位于沿主轴排列布置的所有建筑中间，且朝向主轴开门，民居则多沿冷巷纵向排列，右侧开巷门，因其形态犹如梳子，得名为梳式布局。这种布局形态一般沿着梳齿地势逐步升高，主轴前方往往是地势最低的地方，其前常置水塘。同时，各排列整齐的民居建筑间距一般较小，以便营造冷热压差通风对流，改善地区湿热的气候环境。①

第二节
传统村落民居

"民居"一词，最早出自《周礼》"相视民居，使之得所"，其作为名词是从宋代开始的。《中国大百科全书》中定义"民居"为宫殿、官署以外的居住建筑，与寺庙、宫殿相异，民居存在于本土、带有自发性并且是由当地居住者参与并与自然环境相协调适应，能

---

① 刘雅心. 广西传统村落景观区划及保护策略研究 [D]. 南宁：广西大学，2018.

满足当地人民生活需要的基本功能的营建。显然，民居是一个民族在营造居住环境过程中最真实、最基础、最彻底的反应，民居建造技术多样、类型丰富，能够世代传承延续，很大程度上体现出当地村民智慧的结晶。[①]同时传统村落民居不同于古建筑，古建筑完全属于过去，而传统村落民居同时属于过去和现在，它的发展不是平面的，而是动态和立体的。传统村落民居也区别于文化保护单位，它是普普通通老百姓生活、生产的地方，[②]是传统村落重要的物质文化景观之一。西南地区少数民族众多，受自然环境及历史文化因素的影响，民居种类丰富多样。

一、贵州传统民居

西南地区气候条件存在共性，湿热多雨，气温偏高，容易滋生瘟疫瘴气，因此，当地居民将居住的主要居室楼板抬高，形成巢居模式，即干栏式民居。[③]干栏式建筑历史悠久，至今仍然存在于云南、贵州、广西等地，多为苗族、布依族、侗族、彝族、傣族、壮族、土家族等少数民族使用。总体来讲，干栏式住宅一般是独栋的楼，底层架空用来饲养牲畜，上层用来住人。干栏式建筑可分为全干栏式和半干栏式两种形式，半干栏式建筑是全干栏式建筑在山地的衍生变形形式，拓展生存空间的同时将对基地的破坏减至最低，是适应地理环境与气候条件的双重体现。建筑跨建在上下高差约 2

[①] 张晓宁. 畲族传统民居建筑与居住文化研究 [D]. 杭州：浙江农林大学，2015.
[②] 袁宁. 传统村落民居保护性改造新技术研究 [D]. 重庆：重庆大学，2018.
[③] 金东来. 传统聚落外部空间美学 [M]. 南京：江苏凤凰科学技术出版社，2017.

米的两个开挖平台上，用粗石块砌成直立的石壁作为堡坎加固，后半部分用短柱，前半部分用长柱，形成半干栏式建筑。半干栏式建筑的形式主要得益于其灵活稳定的结构体系，无须进行大量的土方填挖工作，不仅顺应了陡峻的地形，有效地同地形起伏紧密结合，还可减少造价，减少对自然地形、植被的破坏，对原生地形地貌、地表径流的影响程度降到最低。从外面进入建筑二层的道路设置在房屋侧面，底层架空部分直接与外部连接。

不同民族间的文化差异、生活环境又造成了同一建筑形制间的差别，使得干栏式建筑衍生出一系列新的建筑形式。例如壮族干栏式建筑受汉文化影响，比较强调堂屋空间；侗族干栏式建筑聚居性强，则发展前廊空间，以满足家族亲友的聚会；而苗族干栏式建筑采用半边楼突出，临空凭栏对歌或做家务，巧思了一个曲廊空间解决出入问题。[①] 下面重点介绍苗族吊脚楼、侗族脚楼和布依族石板房。

（一）苗族吊脚楼

苗族吊脚楼依山傍水，楼下三面悬空，靠柱子支撑，楼上为居住场所，这样的构造达到防湿降温及防止野兽蛇虫的效果。吊脚楼属干栏式建筑，但房屋并不是完全架空，而是充分运用天然的山地地形，依山而建，三面架空，形成歇山式穿斗挑梁木架干栏式楼房。苗族吊脚楼一般有三层，底层未与地面直接连接，由5—7根房柱支撑，苗族人一定要用苗族的生命图腾树——枫树的木头来做中柱。该修建方式节约土地，造价较廉。底层略潮湿，用来堆放杂物，

---

① 邹冰玉.贵州干栏建筑形制初探[D].北京：中央美术学院，2004.

栏圈蓄养家畜家禽。中层通风、干燥，作为居室。苗家居室通常以"三间四立帖"或"三间两偏厦"为基础，所谓三间即指正门脸四根柱子，中间三个空间，一堂两厢房，一共三间房。堂屋坐落中央，苗族人常使用堂屋宴请接待宾客，同时也在堂屋迎神祭祖、供奉神灵，堂屋意义重大。在修建堂屋时将两侧楼板加厚，立柱加帖，左右两侧则是厢房，作为卧室和客房。第三层宽敞透风干燥，除做居室外，隔出小间存放粮食作物。偏厦里一般安置厨房。房间结构一般以堂屋为核心向外延伸。最吸引人、最有特色的是吊脚楼二层堂屋外悬空走廊，它也有一个颇具特色的苗族称呼"嘎息"。走廊装有半人高的曲栏靠椅，人们劳作后会在"嘎息"上小憩、纳凉，此走廊也是老一辈向小一辈传授苗族文化和历史的场所，其也因为苗族姑娘们常在此梳妆、刺绣而得名"美人靠"。[1]

（二）侗族脚楼

黔东南侗乡建有高脚楼、矮脚楼和平地楼。其中高脚楼是指一种四面立柱直接抬高二到四层不等的木楼，高度可达15米。底层架空，大多三开间，两侧搭建偏厦，楼梯设于偏厦内。二楼有出挑的长廊，房内中央布置堂屋，供奉神龛，两侧为起居室。如有三层及以上空间，主要做粮仓、晒仓、储藏间或卧室。高脚楼灵活多变，适应性强，在黔东南的侗族山区特别是山脚或者坡度较缓处应用十分广泛，贵州黎平、从江、榕江等地区的民居大多为高脚楼。而一般柱脚距离地面只有半米的矮脚楼，是通常距离地面高达两米的脚

---

[1] 周素.贵州传统民族建筑特色[J].现代交际，2020（1）：108-109.

图 3-1
苗族吊脚楼

楼的一种特殊形式的变体建筑,主要分布在靠近城镇的侗族地区。矮脚楼一般从房前的台阶或者浅廊进入堂屋,没有设置宽廊。黔东南侗乡还有一种称为"平地楼"的民居。所谓平地楼是指没有架空而是用水泥混凝土或沙河土做楼板地面的民居楼。人主要居住在一楼,二楼的空间比较开敞,常用来堆放杂物、进行家庭生产以及晾晒衣物等。黔东南侗族传统村落中在场地关系上多依山就势,有"天平地不平"的建筑结构体系,以及"占天不占地"的空间利用原则。[1]

---

[1] 李越. 黔东南侗族传统村落的文化地域性格研究[D]. 广州:华南理工大学,2018.

（三）布依族石板房

布依族村寨通常建立在平缓地区，布依族人巧妙利用地形高度差建造房屋，村民建筑村寨时都会顺应地形，让房屋与自然环境融合，充分发挥山地优势。布依族的特色建筑是石板房。贵州山地石材众多，特别是页岩，页岩是建筑石板房的独特石材，因页岩产地的独特性也就产生了贵州布依族独特的石板房建筑，人们将石板房建得几乎与山体浑然一体，巧夺天工。布依族人修建石板房时团结一心，一家建房，家家相助，老辈的石匠们负责在石板房上刻龙雕凤、镌字。建房时最让人惊叹的是用页岩砌数米高的墙体，石材不用任何胶黏剂粘连却依然牢固。

贵州山地一带的石板房外形上可分为两种主要形式：一是分布在安顺地区的硬山式，另一种是分布在贵阳花溪区高坡的悬山式。岩石砌墙分为浆砌和干砌两种。石板片镶嵌墙为少数，石板片镶嵌墙将墙体砌筑分为砌墙和壁头墙两种。砌墙是将乱石片砌在一起，垒成40厘米左右厚的墙体；片石墙体鳞次栉比，在光影下有异常奇妙的自然之美。而壁头墙则不同，它是把石板和木构架融合，将石板镶嵌在木构架的柱枋之间，墙壁非常坚固，一般只需要3厘米左右的石板嵌入，再将尺寸适合的石片根据柱枋的空间大小插入，最后再将铁钉钉入柱枋、固定住石板即可。

石板房屋面方向与大多数房屋不同。双面坡顶屋面可以起到双坡排水的效果，这种方式叫作悬山顶式屋面。布依族人用石片裁切成厚度为2厘米左右、比较工整的鳞状屋面板，石片宛若鱼鳞，鳞次栉比、错落有致，还有许多大自然雕刻的石片。将这些不同形状的石块用平铺瓦片的方式铺在屋顶，使其不至于太厚又利于排水，

图 3-2
布依族石板房

这归功于石片在屋面形成的巧妙弧线而并非像瓦片屋顶那样要留出排水的沟槽。石板房屋脊也有特色，屋面一侧的石片会一层压一层，之后再砌上整齐的石片。为了保证房屋的牢固性，防止屋面被风掀翻，布依族人会在屋顶坡面的边缘摆放较大的石板，在中间部分改用较小的石板。石板房内的许多家具及工具都由石片制作，如石桌、石凳、石磨等。石板房通常是"一明一次间"和"一明两次间"。"一明一次间"指的是由堂屋、堂屋后隔出的厨房及在堂屋右侧的次间组成，次间指两间前后分布的卧室。"一明两次间"则是指由堂屋、堂屋后隔间的卧室，以及分布在堂屋左右两侧的次间。次间又分两间前后分布，两侧次间的前面一间房间通常多用作火铺（又称火塘，是在石板房内铺1平方米左右的土建一个小灶，用来取暖）或卧室；右侧次间的后面一间房多作卧室，左侧次间的后面一间则多作厨房。在谷物存放上，布依族人民则使用干燥通风的阁楼。在牲口饲养上，布依族人民大多把地面的高差形成的前部的空间用作饲养牲口的地方。

(四) 屯堡

屯堡是贵州特色的村落类型。在贵州安顺市，屯堡村落分布广泛，以云峰地区传统屯堡村落最为典型。云峰地区屯堡村落建设始于明代，其建设跨度大，在漫长历史发展过程中受不同因素影响呈现出不同形式。大体上看，该地区村落的布局形式主要有三种：庙宇—场坝—住宅，三元交叉结构，其典型村落有

图 3-3　屯堡

雷屯、章庄；庙宇—住宅，二元平行结构，其典型村落有本寨；住宅，一元单一结构，典型村落有猴场。雷屯的布局以聚落中央的场坝为核心，场坝宽10余米，长50余米，场坝南侧为寨门，北侧为永丰寺，雷屯的民居通过道路与场坝相连，场坝与道路连接处设小寨门，场坝的设置来源于屯军的军事需求。

民居建筑是屯堡文化的重要组成部分，它既继承了传统汉地建筑风格，也吸收了贵州当地建筑的特点，兼具防御性和艺术性。以本寨屯堡为例，其民居建筑多采用三合院形式，结构采用穿斗式屋架，外围护结构则和布依族石板房类似，用石墙和石板瓦，发展出独特的建筑营造技艺、装饰工艺。本寨现存建筑以民居为主，按建筑布局特点，分为南方单栋楼房、封闭天井院、大院式和多重院落等类型。其中天井院落、南方单栋楼房主要分布在西侧，大院落、多重院落多分布在东侧新建区域。本寨民居包含堂屋、起居空间、辅助空间、院落空间等，民居建筑材料以石、木为主，由石板瓦、石墙、木结构、台基等几部分组成，其营造顺序为"设计—营建台基—砌山墙—立屋架—营造墙体—铺设屋面"。[①]

二、云南传统民居

就传统民居而言，云南各个少数民族呈大杂居、小聚居的社会形态，每一民族的住屋形式都有其特殊的类型特征，甚至同一民族的住屋形式因地理环境的差异也有所区别。相对封闭和边缘化的地

---

① 祝梓棋. 贵州安顺本寨屯堡聚落及其建筑类型研究[D]. 深圳：深圳大学，2019.

理区位，使云南很多地区仍保留着较为传统的营建体系，例如傣族竹楼、哈尼族蘑菇房等。[①] 下文重点介绍云南传统民居的几种类型。

（一）汉式合院民居"一颗印"

两汉以后，中原地区匠系逐步迁移，云南风土建筑的营造技艺一方面接受了中原汉文化的先进技术，另一方面又保持了本民族的传统工艺，如彝族、白族、纳西族的合院式民居，正是汉式合院民居传统木构架的营造技术与当地居住形式相结合的产物。同时，各少数民族之间文化的相互渗透，也使云南的汉式合院民居形成其独特的风貌，如德钦县茨中村的纳西族民居，在建筑形式及构架特征中均体现了藏文化影响下的建造技艺。汉式合院民居在云南极为普遍，大多分布于受汉文化影响较为深厚，且经济条件比较发达的地区。随着汉文化的传播，这些地区的建筑逐渐由独立式的外向空间发展为院落型的内向空间，由于各地环境、经济、文化状况的特殊性，汉式合院民居的形式也有着差异。

就地理范围而言，云南汉式合院民居主要有：滇中玉溪、昆明，昆明"一颗印"民居，蒙古族"一颗印"民居，一般的汉式合院民居等；会泽，中央有围墙分隔的"四水归堂"式、"日"字形、"昌"字形、"吕"字形等重堂式合院；滇南建水、石屏，院落中央有围墙分隔的"四马推车"、设有花厅的合院民居等；滇西大理、丽江，"三坊一照壁"、"四合五天井"、受纳西族木楞房影响和与藏族土庄房结合的合院民居；腾冲，"一正两厢"、"一正两厢带花

---

① 高洁.云南汉式合院民居构架类型及建造逻辑研究[D].昆明：昆明理工大学，2018.

图 3-4 昆明"一颗印"民居

厅"、不带漏角的"三间四耳下花厅"和四合院等。①

（二）土掌房

土掌房是云南四大民居体系之一，顾名思义，土掌房就是用土建盖的房屋，有约1000年的历史。土掌房在建盖中，以石为墙基，用土基砌墙或用土层夯实，墙上架梁，梁上铺破开的松柴或栗柴，上面铺上松毛或芦柴秆，再铺一层潮湿的胶泥土，最上层再铺上一层细土，经洒水打捶，形成平台房顶，不漏雨

---

① 高洁. 云南汉式合院民居构架类型及建造逻辑研究 [D]. 昆明：昆明理工大学，2018.

图 3-5　土掌房

水。用此材料建盖起的土掌房，简单实用，冬暖夏凉。同时，根据各家的经济与能力状况，选择建一层平房或二层楼房。云南石屏龙武镇、哨冲镇和牛街镇存有彝族先民的土掌房传统民居，在居所演变进程中，土掌房堪称民居建筑文化与建造技术发展史上的"活化石"。这些房屋在选址时均是依山而建，多建于山脚或半山腰，房屋建筑风格家家相同，屋面户户相连，顺着屋面，从上可以走到下，从村头可以走至村尾。

（三）蘑菇房

蘑菇房是土掌房体系中的一个分类。土掌房是适应炎热气候和干旱地区的住屋模式，而哈尼族人搬迁到多雨的云南红河后，为了防雨，便在土掌房顶部加了一个坡度略大于 45 度的圆形坡草屋顶，形成了这种形似蘑菇的建筑——蘑菇房。

搭建蘑菇房，建筑材料均取自当地，为防潮，基础多为石基，地下地上各为 1 米，主体墙面为夯实的土坯墙，厚达 35—50 厘米，隔热保温性能好。建筑屋顶最具特色，多层茅草厚达 20 厘米，倾斜度大于 45 度，利于雨水快速地滑落。草顶支架是由大竹（直径大于 10 厘米）构成，但由于茅草易腐，故 2—3 年要翻新一次。

由于哈尼族自古的农耕养殖习惯，蘑菇房大多采用"下畜上人"模式。底层养牲口，二层居住，三层晾晒和储藏。蘑菇房平面规整，划分简单自由，多为矩形或曲尺形。底层是牲畜房，层高矮，大多不到两米，直接与室外相连通。通过室外台阶来到二层平台，二层中央大空间是堂屋，地上设置方形火塘，灶台、床铺、储藏室等空间围绕堂屋布置，散布于四角靠墙处。再通过室内楼梯爬梯上至三层，坡屋顶下方净高低，多用于储藏，无遮挡的外部则为晾晒平台。

总体说来，蘑菇房不高，尺度适宜，无压迫感，较封闭、开窗少。从立面上可清楚看到典型的三段式构图：石勒脚、土黄墙面、深灰屋顶。有趣的是，哈尼族人还会将牛粪贴在墙上，晒干后当作燃料或肥料使用。当然，随着哈尼族村寨与外界交流越来越广泛，传统的蘑菇房建筑形式也悄然发生变化，昔日最典型的蘑菇房并不多见了，取而代之的是集现代与传统于一身的蘑菇房了。

若细致观察哈尼族蘑菇房内的空间区隔和功能设置,其族群文化也能略见一斑。

1. 堂屋与火塘——礼仪空间

哈尼族人围绕火塘饮食起居,堂屋中央的火塘为矩形浅坑,火塘的设置不仅出于生活需求,更有其风俗来源,终年不熄的火塘象

图 3-6
传统蘑菇房(上)和
改良后的现代蘑菇房(下)

征家庭命脉延续不绝。火塘旁最大的木柱被称为"中柱",为建造蘑菇房时打下的第一根柱子,是蘑菇房承重的主要构件,象征家庭支柱。灶台位于火塘前方靠后墙的一角,在火塘南侧靠前墙放置床位,俗称"老人床",老人在此卧寝休息,其他卧室则用木板隔出空间。在堂屋的火塘旁摆放一张小桌便是餐桌,该空间则为餐厅,一家人便在火塘旁饮食。

2. 厨房——后勤空间

若蘑菇房面积较小,会在正房角落设一个由生土砌筑的灶台作为厨房空间;若蘑菇房面积大,灶台也会稍做分隔进行单独布置。围合厨房的墙体上通常开一小窗,主要用于排烟、采光。

3. 卧室——休息空间

卧室比较简陋,在二层角落设置床铺便成了卧室空间,以木板分隔卧室空间与其他空间,并不注意隐私。蘑菇房的窗户小而少,用于布置卧室、堂屋、厨房的这层只有一两个窗洞,室内感觉压抑昏暗,换气不流畅。

4. 神龛——祭祀空间

神龛这类祭祀设施完全因风俗形成,一般设置在正房中,用于祭祀祖先或神灵。设置神龛的做法是在火塘正对的墙体上挖一个50厘米×20厘米×30厘米的壁龛,祖先或神灵的灵位供奉其中。然而,近十多年来生活习惯改变、民俗文化丢失,很多家庭渐渐忽视祭祀传统。

5. 晒台——生产空间

蘑菇房的二层堂屋口和三层屋顶平台皆有晒台，晒台是做家务、晾晒粮食等生产活动的空间。

6. 储藏室、牲畜房——其他空间

二层的储藏室一般用于常用生活物资的储藏，由木板在二层墙角的四根柱子间隔出一个角落。三层阁楼虽也用于储藏，但是储藏的物资种类不同，一般用于临时储藏晾晒的粮食。养殖牲畜是哈尼族人的生活内容，一层的牲畜房层高较低，位于室内，这也导致蘑菇房的卫生状况不佳。因此，若蘑菇房主人有较大的院子，有时也会将牲畜房设置在院子里。①

（四）木楞房

木楞房是滇西傈僳族典型的民居样式，形状像一个大木匣，因此又叫"圆木垒墙房"。它具有就地取材、因地制宜、建造方便的特点，还具有经久耐用、通风换气、冬暖夏凉、抗震防灾和便于搬迁等多个优点，而且通常一个村寨里房屋连成一片，空间布局和谐完美，错落有致，颇有气势。

傈僳族依山傍水而居，当地平地少，木材很多，当地老百姓用斧、刀等将长3—4米、直径22厘米左右的笔直干透的松树圆木砍削成一样粗细的七面圆柱形木料。各木料的一头砍削成榫，直对榫的另一头刨剜成一细槽，两端的两边直对榫槽，分别砍凿一镶嵌口，

---

① 吴琼，聂子川，陈启泉.元阳县哈尼族蘑菇房浅析[J].建筑与文化，2018（7）：236-237.

第三章　西南传统村落的物质文化景观

图 3-7
木楞房的榫卯结构

在平地上一根接一根交叉相扣、咬合（这种榫卯结构不需要胶粘钉钉），一层一层叠加即成。木楞房用木板盖顶。用作盖顶的木板称为"房头板"。"房头板"是用纹理很直的杉木一块块"撕"成的。为防止盖好的房头板被大风刮走，房头板上面常常要压上一些石头。

　　傈僳族居住的木楞房较小的只有一间，较大的有两三间。房正中设一个火塘，用来取暖、做饭、烹茶，火塘上方悬挂木板或簸箕之类用来晾东西。火塘三边铺搭厚木板为卧床、坐板；木楞房的圆木上钉几颗钉子或挂着木钩，房间里还可以堆放各种物品，便于取

图 3-8
改良后的木楞房

拿。木楞房没有承重柱，也不需要挖基坑垒石脚。建造工艺不复杂，往往是一家一户就足够，不需要外人帮助，在短时间内就可以建起一间房子，而且新房建好就可以居住。这样的木楞房搬迁也很方便，只要将木楞房的每根楞条分别前后左右编好序号记在楞条上，拆了异地原样重搭就成。后来，他们吸取其他民族的经验，将原先的单间、一层结构，逐渐改进为二开间或三开间，间架用横梁和骑马柱衔接起来。还有人进一步改良成为二层楼房：上下两层都用木楞垛成，中间打楼板，形成楼上楼下居室的格局；或者是下面一层用来关牲畜或储存杂物，上面一层作为居室。同时，过去的木楞房多用木板做房顶，有少数薄石板覆盖，现在用石棉瓦、土陶瓦或水泥瓦等盖顶的日益增多。

三、广西传统民居

广西地理环境复杂，民族派系众多，汉民族和少数民族在历史上交融，形成两大基本传统民居类型：干栏式楼居是百越民族的传统民居形式，属于本土原生的地域建筑类型；天井式民居随着汉族移民传播至广西，经过广西本土气候、地形地貌的修正，成为另外一种具有代表性的广西地域建筑类型。广西传统汉族建筑文化区位于汉族移民人口占据优势的梧州、桂林、玉林、贵港、钦州、北海等区域；百越干栏建筑文化区则由百色、崇左、河池、柳州及融水、三江、龙胜等地区组成。在两个建筑文化板块交汇的南宁、来宾、柳州一线，则同时受到汉族建筑和百越干栏建筑的影响，同时汉族建筑文化亦随着西江特别是右江深入桂西。

（一）干栏式楼居

广西的百越土著、苗瑶等少数民族和部分高山汉族，干栏仍是其住屋的主要形式。干栏村落的布局在空间意向上呈现出依山傍水，顺应地形的散点半集中式形态。单体平面功能采用竖向分区，充分利用并结合地形，形成"人栖其上，牛、羊、犬、豕畜其下"的空间格局。建筑支撑体系以木穿斗结构为主要特征。

广西的侗族民居，普遍达到3—4层，干栏空间得到更为充分的利用。同时由于他们与汉族接触较晚，建筑平面形制受汉族建筑影响较小，堂屋在空间中占据的地位不强。从建筑造型上来看，出于遮雨的需要，重檐与坡檐是其区别于其他百越民族的典型特点。广西的侗族建筑，主要分布在侗族聚居的桂北三江、龙胜两县，又以三江县为甚。

壮族干栏建筑受汉文化影响较深，平面形制上大都以"前堂后室"与"一明两暗"的空间格局为主，强调堂屋在室内布局中的统率作用。同时，壮族民居的穿斗构架除了桂北龙胜地区由于和侗族较为接近，采用瓜柱承托檩条之外，其他基本都采用叉手承托檩条，这是一种较为古老的穿斗构架形式。另外，受到汉文化的影响，河池、柳州、南宁等木材较不易取得的地区，壮族干栏流行砌体承重的结构方式。壮族干栏建筑，主要分布在南宁、来宾、柳州以西的大部分地区，占据百越民族建筑文化区的绝大部分区域。

苗瑶属于少数族群，其人口分布主要集中在桂西北与贵州、云南交界的云贵高原余脉地区和桂东北的五岭山区以及桂中的大瑶山等海拔较高的区域，部分位于平原地区的苗瑶族群被完全汉化，从建筑文化上看已属于汉族天井地居式的建筑。桂东北的苗瑶干栏建筑，呈点状分布在海拔较高、汉文化影响较少的高山地区。从建筑风格上来说，苗瑶的干栏建筑受壮族和侗族的影响较大，呈现"近壮则壮""近侗则侗"的特点。由于生产力和经济较不发达，部分苗族建筑仍然保留"叉手承檩"和"半接柱建竖"的原始穿斗结构。

（二）天井式地居

广西天井式地居的基本特点：村落布局受宗法、儒教礼制和风水意向的强烈影响，有较明显的总体规划痕迹，呈现规整的向心性组团空间形态。在建筑平面形态上，以大家庭聚族而居为基本居住方式，建筑群体通过庭院或天井进行横向和纵向的组合，相比壮族、侗族等民族，其宗族关系在建筑组合上显得更为紧密。在建筑支撑体系上，木结构和砖（泥）—木结构两种体系均有广泛运用，广西汉族的木结构又以穿斗为主而抬梁为辅。

广西的广府式建筑主要分布于梧州、玉林、钦州、贺州等桂东南地区，南宁、柳州、来宾亦受广府建筑文化影响较深，同时广府建筑文化也顺着西江深入桂林、百色等地区。总体来说，这些地区属于广东广府文化的边缘区域，其建筑特点与粤中地区也有较大差异。从村落布局来看，水体、宗祠等的分布与规制和村落的风水意向仍具广府特色，但很少有像粤中地区那样严整规矩的梳式布局。同时，建筑单体仍以"三间两廊"为主，但规模较粤中地区为大，如玉林高山村和金秀龙屯村。造成这些区别的原因除了远离广府文化核心区而致使文化产生变异外，土地及其他自然资源丰沛，人口密度较小，人均占有的资源就多，建筑单体的规模就能做得更大，而村落也能拥有更多的用地，其形态就显得相对松弛。除了以"三间两廊"为单元形成的村落，现存于世的广府民居更多的是规模较大的宅院和由这些宅院形成的村落，如灵山的大芦村、苏村和玉林的庞村。广府人善于经商，广西沿大江大河的圩镇遍布广府人的足迹，骑楼式的城镇民居和粤东会馆也广泛分布于梧州、贺州、南宁、百色等商业重镇和其他沿江圩镇。

广西现存的客家式建筑主要是堂横屋式，另有少量围龙屋式和围堡式围屋。广西的客家式建筑主要分布于玉林的博白、陆川，贺州八步区，柳州柳江，来宾武宣等地区，在桂东汉族聚居地区，客家建筑也常见于山区。

广西的湘赣式建筑分布于与湖南交界的桂东北地区，包括桂林全地区和贺州富川、钟山等地区。其中桂林南部地区的阳朔、恭城以及永福等地区的湘赣式建筑，其风格受到桂东南广府建筑的较大影响。湘赣民系对广西的开发较早，所居住的区域均为广西文化经济较为发达的地区，其建筑在这些地区的存留量相对汉族其他民系建筑亦更多。现存较具代表性的湘赣民系村落有全州梅塘村、全州沛田村、兴安水源头村、灌阳月岭村、灵川长岗岭村、灵川熊村等。①

第三节
公共空间

公共空间的观点起初由思想家汉娜·阿伦特提出，来源于"公共领域"这一理论，并被尤尔根·哈贝马斯诠释为政治权利之外，作为民主政治基本条件的，公民自由讨论公共事务，参与政治的活动空间。在建筑学领域，公共空间是指承担公共生活、对公众开放的空间，此类空间存在物质和社会两重含义。②从物质层面上来讲，传统村落公共空间是构造传统村落整体面貌的主要因素，也是传统村落外观主要特征的集中表现。从社会层次来看，传统村落公共空间承载着传统村落居民公共活动。传统乡村是一个熟人社会，村中居民互相熟悉和了解，形成了互助互爱、互帮互敬的优良传统，营

---

① 熊伟.广西传统乡土建筑文化研究[D].广州：华南理工大学，2012.
② 陈龙.建筑师参与下的传统村落公共空间自发性建造体系研究[D].北京：中央美术学院，2017.

造了融洽的邻里关系，也由于这些关系，村内则可能会产生相同或类似的生活方式。村落公共空间可以指休憩聊天、集市交易、生产活动、家族祭祀、集会看戏以及交通转换等多种行为发生的场所。下文介绍西南传统村落中几个有代表性的公共空间类型。

一、风雨桥

西南地区临水而居的少数民族村落中大都建有风雨桥，其中以侗族风雨桥最为典型。侗族依山傍水而居，由于村落附近河流多，河网密布，为了便于人们生产生活，侗族人在村头寨尾或寨中、寨边都建有桥，并以风雨桥的建筑工艺最为复杂，是侗族建筑中极具代表性的民族建筑之一。桥上亭廊相连，瓦檐重叠，可供行人避风雨，新中国建立初期，一些从北京到侗族地区考察的专家学者称之为风雨桥，有的人则称之为福桥。风雨桥的桥面设置有栏杆坐凳，可供人们歇息乘凉，因此有人称之为"凉桥"。又因这种桥的桥身油漆彩绘，雕梁画栋，亭阁隽雅，所以有人称之为"花桥"。

风雨桥由下、中、上三部分组成，下部是用大青石围砌以料石填心、呈六面柱体的桥墩，上下游均为锐角，以减少洪水的冲击；中部为桥面，采用密布式悬臂托架简支梁体系，全为木质结构；上部为桥面廊亭，采用榫卯结合的梁柱体系联成整体，廊亭木柱间设有坐凳栏杆，梁柱上、梁枋上绘有各种彩色图案。栏杆外挑出一层风雨檐，既增强了桥的整体美感，又保护了桥面和托架不受风雨吹刮。桥架放在桥墩上面，桥墩与桥台之间没有铆固措施，只凭桥台和桥墩起着架空的承台作用。桥的两头或中间设有神龛供人们烧香敬神。

图 3-9　风雨桥

优美坚固的风雨桥除了便于人的交通往来之外，更可供人们躲风避雨，歇息乘凉，还能供人休息或迎宾送客，着实是一个非常重要的交往空间，人们在这里建构并强化族群认同。另外，从风水角度看，风雨桥"堵风水、拦村寨"，以"消除地势之弊，补裨风水之益"，使村寨免灾却难，村民安居幸福。因此，这一公共空间意义重大。它遍布侗族村寨，有的村寨搬迁也将风雨桥一同建到了新的居住地。

目前，风雨桥以广西三江侗族自治县、

龙胜各族自治县，湖南通道侗族自治县，贵州从江、黎平等县为最多。这些地区共有风雨桥330余座，仅黎平县肇兴侗寨就有5座风格各异的风雨桥。在这些风雨桥中，广西三江侗族自治县的程阳桥是国家级文物保护单位，贵州黎平县地坪风雨桥、广西三江侗族自治县的巴团风雨桥、龙胜各族自治县的平等风雨桥等都是省级文物保护单位，还有更多的是地区或县级文物保护单位。①

二、鼓楼

"有寨必有楼，有楼必有寨"是对侗族村寨与鼓楼关系十分贴切的形容，广西境内的三江、龙胜等地的大小侗寨中分布着数百座鼓楼。

侗族鼓楼的起源时间较难考证，但相关文字记载最早见于明代。明邝露《赤雅》："以大木一株埋地，作独脚楼，高百尺，烧五色瓦覆之，望之若锦鳞矣。扳男子歌唱、饮瞰，夜缘宿其上，以此自豪。"明万历三年（1575）本《尝民册示》："遭村团或百余家，或七八十家，三五十家，竖一高楼，上立一鼓，有事击鼓为号，群起踊跃为要。"从古籍描述中可以看出，从明代起，鼓楼的功用与形象已与现存实例相去不大。②

鼓楼不仅是侗族村寨最为明显的标志，同时更承载了侗民族的世界观、审美观、科技水平等多方面的内容。首先，鼓楼是侗族

---

① 石开忠.侗族风雨桥成因的人类学探析[J].贵州民族学院学报（哲学社会科学版），2010（4）：37-40.
② 熊伟，谢小英，赵冶.侗族鼓楼营建规则探考[J].古建园林技术，2011（4）：11-15，31.

西南传统村落

图 3-10
鼓楼

族姓的标志,由"兜"这一基本宗族单位组成的侗寨,基本上每一"兜"都有自己的鼓楼。鼓楼就成为同一"兜"内族姓认同的标志,同属一个"兜"内的人们是不允许通婚的。其次,鼓楼是族内聚众议事、制定及执行规约的场所,是侗族人政治活动的中心。遇有大事、要事,他们便在鼓楼内击鼓聚众,议事决定。侗族具有法典性质的"款约",也是在"款首"主持下,于鼓楼中制定的。"款约"议定之后,通常刻碑勒石,立于鼓楼之中。再次,鼓楼是重要的社会认可和礼仪交往场所。如侗族的孩子长到 11 岁或 13 岁时会到鼓楼取名,以得到社会的公认,在鼓楼之外的场所取的名字不被"兜"

内承认；全寨性的祭祀活动，都要在鼓楼举行，身着节日盛装的男女青少年，在鼓楼或鼓楼坪里手拉着手，围成一个大圆圈，边歌边舞，或组成长队，从鼓楼出发环村转寨，又回到鼓楼里；侗人迎宾送客多在鼓楼举行，常在鼓楼坪上大摆筵席，盛宴客人；晚饭之会或农闲时节，人们常常聚集在鼓楼内谈天说地，生产经验、生活知识、做人处事的道理就在鼓楼里潜移默化地传给下一代。

三、哈尼族祭祀场所

祭祀房是哈尼族村落必不可少的重要祭祀场所，哈尼族传统节日时均需在此进行祭祀活动。对于哈尼族村落来说，祭祀房是非常神圣且严肃的地方，尚未靠近便能令人肃然起敬。

图 3-11
祭祀房

图 3-12　祭祀房挂的牛下颌骨

图 3-13　祭祀房的秋千

磨秋场是所有哈尼族村落都有的场所，其形式是村落中的一片空地，中间立有磨秋桩，四周由植物围合，空间较为开阔。哈尼族的很多重要节日都会在磨秋场进行，如矻扎扎节时村民都聚在磨秋场上骑磨秋、荡秋千；"昂玛突"时要在磨秋场上的朵基上杀牲；"十月年"的时候，村民也是聚集在磨秋场上，通宵达旦地跳舞。磨秋场是哈尼族必不可少的活动场所，在村落选址之初便会定下磨秋场的位置，磨秋场以外便不能再建房屋，是村落的下界，与寨神林相对应，限定了村落的建设范围。

森林在哈尼族的文化传承中具有重要的意义，传说森林是哈尼族的避难所和庇护所，是食物和其他生活必需品的提供者，因此哈尼族人在建村立寨时，首先要考虑确定寨神林的位置，于其中选择一棵树干笔直的大树作为龙树。寨神林是寨神居住之所，每年村民都会在这里进行祭祀活动，同时也保护水源，保证寨民及畜禽饮水。同时，哈尼族村落建设有往上不能超过寨神林的说法，对村落形态有一定影响。①

四、屯堡公共空间

屯堡村落外部封闭是为保乡民安宁，内部是人们安居乐业之所，公共建筑功能多样，包括最初军屯时期的演武场、练兵场；宗祠、汪公庙、大佛殿、关圣殿、学堂等，反映了屯堡人的伦理秩序，释、道、儒的精神信仰；土地庙、财神庙的广泛供奉，从一个侧面反映出屯堡聚落后期亦农亦商的产业格局。戏台、戏楼、跳地戏的场坝等则是日常娱乐生活的核心。这些公共建筑的选址，或位于聚落中轴线，或位于几何中心，不同屯堡聚落又因其居民祖籍来源地不同，其公共空间也不同。②

---

① 张盼.红河哈尼梯田遗产区传统村落空间形态保护与发展研究[D].昆明：昆明理工大学，2017.
② 杜佳.贵州喀斯特山区民族传统乡村聚落形态研究[D].杭州：浙江大学，2017.

五、四方街

　　四方街是云南西北商贸型村落中普遍存在的一种空间形态,是传统村落中重要的空间类型,是进行贸易交易和集会的重要场所,是沿线商业廊道发展所形成的一种产物。云南四方街的原型是"草皮街",经过一段时间发展,"草皮街"生意兴隆,逐渐在"草皮街"周围形成临时性或永久性商铺,从而发展成为永久性的商业集市,也就是现存的四方街。为了便于马帮的贸易与交易,方便交流与休憩,四方街的选址多分布在茶马古道和西南丝绸之路上。经过

图 3-14
四方街石碑

时代发展，四方街逐渐从以集市贸易为主发展为公共集会、社交、旅游的场所，在日常生活和历史上发挥着重要作用。以大理四方街为例，其在商贸村落中的位置可以分两种：一种是位于商贸村落的一侧，偏靠边缘，一侧紧邻水系或者交通要道，由四方街延伸出主要道路（此种类型延伸出来的道路数量不一定是4条），以沙溪四方街与束河四方街为代表；另一种是位于商贸村落的中心，由此延伸出4条不同方向的主要道路，再由主干道延伸出次干道，进而形成商贸村落，丽江大研古镇与喜洲四方街属于此种类型。[1]

---

[1] 张雨蒙. 滇西传统商贸聚落的四方街建筑空间形态研究[D]. 深圳：深圳大学，2018.

第四章 西南传统村落的非物质文化景观

Chinese Traditional Villages

中国传统村落文化抢救与研究
文化区系列

西南地区少数民族众多，其非物质文化景观极其丰富。这些非物质文化景观大都以传统村落为承载体，是人类宝贵的非物质文化遗产。国务院先后于2006年、2008年、2011年和2014年公布了四批国家级非物质文化遗产项目名录，其中广西52个，贵州140个，云南122个，这些非物质文化遗产可以看作是非物质文化景观的凝练。限于篇幅，下文从原始崇拜及信仰、民间艺术、传统技艺等方面选取典型、有代表性的非物质文化景观进行介绍和论述。

第一节
原始崇拜及信仰

一、苗族原始崇拜

苗族的原始崇拜经历了自然崇拜、图腾崇拜和祖先崇拜的发展历史。天地日月是苗族最古老最原始的自然崇拜，山岩、巨石、枫木等的自然物崇拜也较为普遍，人造物崇拜晚于自然物的崇拜，主要有桥、门、水井、铜鼓、芦笙等。图腾崇拜是自然崇拜的发展和深化。从苗族古歌来看，黔东南苗族曾把蝴蝶作为自己的图腾；湘西、黔东北以及邻近的川东、鄂西地区的苗族先民则以神犬，即"盘瓠"为自己的图腾。苗族对自己的祖先十分虔诚，他们认为祖先"虽死犹生",其灵魂与之同住。时至今日,苗族中还十分盛行祖先崇拜。①

二、彝族原始崇拜

彝族的原始崇拜多为"咪嘎哈",即祭天、祭地、祭祖宗及一切神灵,但主祭以"龙树"为象征的村寨保护神,同时彝族也有祭山神、祭龙的信仰。如果说祭树的信仰蕴含了最直接的生态思想的话,那么山神崇拜则可以看作是树神崇拜的扩大,而祭龙则包含了爱护水源,祈求风调雨顺的文化生态意识。因而彝族的聚落,多选址在海拔 2000—3000 米的山区、半山区,一般偏爱向阳山麓,顺山修建,以山腰、山梁处居多,山脚、河谷地带较少。《元阳县志》载:"彝族多居住在山川壮丽、资源丰富的山区,村寨依山傍水,四周梯田层层,村后有山可供放牧,村前有田可供耕种,多数村寨都有一条水沟从中穿过。"②

三、傣族原始信仰

傣族多信仰小乘佛教,但是有些傣族聚落也信仰"垄林",因而其村落形态反映出某些原初宗教的特征。傣族人认为"垄林"

---

① 石朝江. 苗族原始崇拜中的哲学社会思想萌芽 [J]. 西南民族大学学报(人文社科版), 2003 (7): 48-53.
② 李建华. 西南聚落形态的文化学诠释 [D]. 重庆:重庆大学, 2010.

是寨神（氏族祖先）和勐神（部落祖先）居住的地方，"垄林"里的一切的动植物都是神的家园里的生灵，是神的伴侣。因此，傣家人认为"垄林"内的一切动植物、土地、水资源都是神圣不可侵犯的，并严禁在"垄林"里砍伐、采集、狩猎和开垦。傣族的这种原始信仰虽然表面上看似是原始祖先崇拜的产物，但其生态学意义重大，反映了纯朴的自然生态观："垄林"一般位于村寨背靠的大山上，作为村寨的保护林，居高临下，全村的农舍、人畜、农田均在其视野之内。[①] 傣族的原始信仰对村落选址和景观形态影响巨大。

四、白族自然崇拜

树神崇拜在西南少数民族的原始崇拜中占有相当大的比例。位于大理地区的白族在信奉"本主"的同时，还有强烈的自然崇拜。他们将高山榕树看作是生命和吉祥的象征，并称之为风水树加以崇拜和保护。高山榕树树冠硕大如伞，枝叶茂密繁盛。这种以树作为聚落空间构成的先导，在广场内同时配置本主庙、戏台，形成了居民的活动中心，为居民的交往、贸易和民俗活动提供了遮阳纳凉的场所。同时，以高山榕树为中心的广场空间也是白族进行祭祀集会和礼仪庆典的祭场。[②]

[①②] 李建华. 西南聚落形态的文化学诠释[D]. 重庆：重庆大学，2010.

五、纳西族东巴教

纳西人信仰东巴教，其信仰活动又以东巴教祭天的仪式（围绕以神树为上坛的三层祭坛展开）最为典型，纳西族历来被称为祭天的民族。美国学者洛克在丽江考察后著文说丽江白沙街有羡陶坛、月均坛，这两个坛场在唐代就已建立。当时洛克亲自考察了北地古杜村的一个祭坛，该坛场周围有美丽的栎树环绕，这是北地纳西人祭天的地方。①

第二节 民间艺术

一、侗族大歌

"百越"是我国古代南方越人的总称。"越"作为族称，最早出现在夏代，后来因为分支众多，族人繁杂，战国末期统称为百越。侗族是我国历史悠久的一个民族，在族源问题上，大多语言学和民族学研究认为侗族源于百越的一支。"汉人有字传书本，侗家无字传歌声。"侗族本没有自己的文字，却在特定的地理人文环境下选择了以歌传文的方式来传承文化，于是歌成了兼具审美功能、实用

---

① 李建华. 西南聚落形态民文化学诠释[D]. 重庆：重庆大学，2010.

功能和教育功能的文化载体，这就是著名的侗族大歌。

侗族大歌，名称取自侗语"嘎老"，"嘎"即歌，"老"既含有大之意，也含有人多声多和古老之意。"嘎老"是一种由众多人参与的歌队集体演唱的古老歌种，故译为大歌。主要流行于黎平、榕江、从江、三江交界地区，其间又以六洞、九洞为中心。它是土生土长的无伴奏、无指挥、多声部合唱的原生态民族复调式歌曲，是参加演唱人数众多、历史渊源久远的民间音乐艺术，通俗和优雅并存。作为侗歌文化最精华的组成部分，侗族文化的生动直接表现，它不仅是一种音乐艺术，还是对侗族历史的真实记载，表达着侗族的民族历史、社会结构、生产生活、人伦礼俗、婚姻家庭、习俗文化、智慧精髓等至关重要的文化信息，是人民智慧的结晶，可谓是侗族的社会百科全书。

侗族各村寨擅长的大歌种类有所差别，因此，侗族大歌的分类在不同村寨也会有不同。在黎平县三龙地区，最重要的侗族大歌有三类，即劝世伦理大歌、抒情大歌和拟声歌或声音歌，各类均有独特的曲调和歌词内容。根据演唱内容和场合，侗族大歌可分为六大歌种，分别是鼓楼大歌、声音大歌、叙事大歌、礼俗大歌、戏曲大歌和童声大歌。侗歌内容涉及生活的各个层面，种类繁多，有族源史诗、迁徙歌、叙事歌、劳动歌、礼俗歌、抒情歌、劝世歌、儿歌等。任何场合都有与之相应的歌，反映出人与自然、人与人之间的和谐共存。

二、绘画雕刻艺术

侗族鼓楼的第一层楼正面中央，一般雕塑有"二龙抢宝""鱼虾游戏"图案，顶层的瓦脊上塑有"五龙飞天"。在每一层的檐角边，均用泥雕塑有熊、虎、狮、豹以及飞鸟异类的动物形象。在每层的檐板上，用绘画手法绘制了许多的人物故事，色彩非常丰富，鲜艳夺目。鼓楼廊亭木柱间设有坐凳栏杆，栏外挑出一层风雨檐，檐面铺小青瓦。屋脊白色，翼角高翘而起，装有套兽，塑有狮、虎、凤、猴、兔、蛇、虫、鸟等动物雕塑装饰。楼内亦雕梁画栋。

在风雨桥上亦有绘画雕塑的艺术造型，在桥楼翼角，楼与楼间和桥亭屋脊上塑有"倒立鳌鱼""三龙抢宝""双凤朝阳"的泥塑。中楼的四根木柱上，绘有青龙。楼壁绘有侗族妇女纺纱、织布、刺绣、踩歌堂以及斗牛和历史人物等图画。天花板彩绘龙凤、白鹤、犀牛等，情景逼真，形象生动。其布局严谨，工艺精湛，雄伟壮观，显示出侗族人民的智慧和独特的建筑风格。风雨桥的廊柱和屋檐板上有雕刻和绘画。绘画内容有别于鼓楼，主要是绘制一些劳动、生产、歌会、跳舞和青年人的娱乐活动，夸张的表现手法和大胆地运用颜色，使整个廊桥显得内涵非常丰富。人们在其中休息时，可以赏阅绘画中所描绘的各种情节，使人们追忆童年、青年的生活。在绘画纹样里，鱼纹、三角纹、菱形纹都是在祭祀中与鱼相关的图腾纹样；水波纹、漩涡纹与侗族水崇拜有关；螺旋纹、龙纹分别源于蛇崇拜和龙图腾；圆圈纹与太阳崇拜相连；云雷纹源于天崇拜、雷崇拜；齿形纹与山崇拜有关。这些绘画是集娱乐、教育、艺术于一身的综合性民间意识形式。①

三、苗族银饰

银饰是苗族重要的民间工艺品，苗族服饰大多离不开银饰，甚至迁徙到东南亚、欧洲、北美、大洋洲的苗族人也有佩戴银饰的习惯。一般苗族银饰分为头饰、颈饰、胸背饰、腰饰和手脚饰。头饰是一种重要饰品，包括银冠、银帽、银梳、银围帕和银耳环等。银冠的造型非常复杂，黔东南施洞、西江一带的银冠模仿牛角造型，体积大，高度超过佩戴者身高的一半，两角的宽度往往超过佩戴者身躯，而且附加在角形头冠上小的装饰件也繁多，有龙有凤，还有各种花鸟鱼虫等饰件附着其上。黔东南黄平、雷山等地苗族头饰以银帽为主，银帽一般由三层银饰造型组合而成。凤冠上有繁茂的银花、翘立的银扇，还有凤凰、蝴蝶、螳螂以及"二龙戏珠""双凤朝阳"等生动的造型和纹样，下层还有一排刘海式的吊穗，后面有三层银羽，一层比一层长。外面的一层有片，长至颈部；中间的一层有片，长至肩；里面的一层有片，垂至腰间。耳环是苗族妇女必不可少的银饰，银耳环不仅重量沉，而且造型烦琐复杂，有圆轮、银钩、灯笼、叶片等形状。苗族妇女还喜欢佩戴各种项圈项链，项圈造型粗犷厚重，有圆圈、扁圈、盘圈、卷花圈、羊角圈、六方项圈、空心项圈等。若有几重项圈的，则由小到大排列成套圈状。苗族妇

---

① 张锦华. 黔东南侗族民间鼓楼绘画元素的表现形式 [J]. 大众文艺，2010（6）：199.

女胸前还佩戴银锁、银链、银胸牌等复杂饰品，双手还戴有各式各样的手镯，有的一只手可以佩戴七八只造型各异的手镯，身上还会有很多银扣一类银饰。

四、布依戏

布依族主要分布在贵州黔南布依族苗族自治州、黔西南布依族苗族自治州、贵阳市郊区以及云南文山等地区，沿着南盘江、北盘江、蒙江、都柳江等河流繁衍生息。布依族语言属汉藏语系壮侗语族壮傣语支，分三个土语区。他们没有民族文字，通用汉文。居住在贵州黔西南布依族苗族自治州的兴义、安龙、册亨、望谟、贞丰等县的布依族属第一土语区，布依族戏曲就产生在这一土语区的册亨县。

布依戏在布依语中称"谷艺"，主要分布于贵州布依族聚居的册亨、安龙、兴义等县。它是受汉、壮、苗族戏曲的影响，用布依语演唱布依族乐曲，在八音坐弹、板凳戏的基础上发展形成的。

布依戏的音乐由唱腔、器乐曲牌和打击乐三部分组成。由于其处于调整发展中，至今尚无专业组织，很难统一规范，各地业余布依戏队的演唱与演奏多带随意性。其音乐曲调有京调、起落调、翻演调、马倒铃、正调、长调、八谱调、反调、武打升官调、过场调、倒茶调、吃酒调等，伴奏乐器则主要包括尖子胡琴、朴子胡琴、笛、短箫、木叶、三弦、琵琶、月琴及大锣、大钹、鼓、木鱼、包包锣、小马锣等诸多乐器。

布依戏表演时有固定的程序，一般由祭祀、请祖师开箱、降三星、打加官、正戏、扫台、封箱等部分组成，其中正戏是主体表演部分。正戏的剧目包括本民族剧目和移植剧目两类。本民族剧目以讲述布依族传说故事为主，有《三月三》《六月六》《罗细杏》《人财两空》等，唱、白均用布依语，民族特色十分浓郁。移植剧目主要从汉族民间故事移植而来，包括《玉堂春》《蟒蛇记》《秦香莲》《祝英台》等，用"双语"表演，人物出场念"引子""定场诗""自报家门"时说汉语，演唱、对白、插科打诨时用布依语。布依戏中有生、旦、丑及大王、大将等分工，各角色的舞台调度都是三步或五步一转身，演唱过程中来往穿梭，形式活泼，风格质朴。

布依族在不断的发展中善于吸取汉文化养料来发展本民族文化，他们把移植剧目视为通向戏剧文化的桥梁。布依族人民深深喜爱这些剧目，并用自己喜闻乐见的艺术形式去规范、再现它们，同时融入布依族文化特质。2006年，布依戏被列入第一批国家级非物质文化遗产名录。现在布依戏已经不易看到了，因为许多布依戏演员年事已高，又难以物色到合适的接班人，故而能演者越来越少。目前国家级非物质文化遗产项目布依戏代表性传承人只有黄成珍、黄朝宾、罗国宗三位。

五、壮族三声部民歌

壮族三声部民歌历史悠久，发源于唐宋时期，分布在广西马山县和上林县交界处的大石山壮族地区，是"马山文化三宝"之一。

壮族三声部民歌其特色为大二度和声三声部融合，主旋律高亢明亮流畅，和声旋律婉转、柔和，唱法具有浓厚的原生态特点。歌曲由三个声部构成，三人以上演唱。第一声部为歌曲主旋律，由主唱者演唱；第二声部为副旋律；第三声部为和声，由二人以上合唱。三个声部都能突出主旋律，第一、二声部独立音调，演唱者全用支声复调合唱。演唱时，时兴"哈"声，故又称"欢哈"。"哈"声可根据歌曲主题和情景变换，不拘一格，但时兴的"哈"声都要符合主旋律。歌词一般有五言四句式和五三五言六句式，押韵严格。五言四句式歌词按普通壮歌押韵。五三五言六句式歌词押韵特殊，其歌词的第一句、第二句的末尾词与第三句的第三个词押韵，第四句、第五句的末尾词相互押韵，又与第六句的第三个词语押韵，故此类句式结构的山歌又称为"三顿欢"或"三跳欢"。

美国、日本有报纸载文报道，肯定了壮族三声部民歌的艺术地位及其对东方民歌研究领域的影响意义，引起了国内外音乐界的广泛关注。经过加工整理，壮族三声部民歌多次参加区内外展演，还一度到东南亚和部分欧洲国家演出，向世人展示其独特的艺术魅力，影响不断扩大。

壮族三声部民歌是中国民间多声部民歌的重要代表，它充分反映了壮族社会的主要特点，是壮族文化独特的表现形式。目前由于社会环境的变化，歌唱展示的平台不断减少，壮族三声部民歌的特色日渐淡化，急需保护和恢复。2008年，多声部民歌（壮族三声部民歌）被列入第二批国家级非物质文化遗产名录。

第三节 传统技艺

一、哈尼族木刻分水

红河哈尼梯田位于云南省东南部，遍布于红河州元阳、红河、金平、绿春四地，总面积约100万亩。哈尼梯田有1300多年的历史，是以哈尼族为主的各族人民，利用"一山分四季，十里不同天""山有多高，水有多高"的特殊地理环境，发挥聪明才智创造的农业生态系统，是中国梯田的优秀代表、世界农耕文明的奇观。2013年，红河哈尼梯田被列入联合国教科文组织世界遗产名录。

据《尚书》记载，早在春秋战国时期，哈尼族先民"和夷"就已经开始开垦梯田。初唐时哈尼族在云南元江沿岸哀牢山区定居并

图 4-1
红河哈尼梯田

开垦大量梯田。从此独特的梯田文化就成为整个哈尼族的灵魂。

梯田灌溉需要大量的水,为了保障成千上万亩梯田,不论位置高低、面积大小、丰歉水年都能充分合理有效利用水资源,以避免村寨之间、村民之间因水发生纠纷,实现公开、公平分配用水量,哈尼族人发明了一套严密有效的"木刻分水"制度:由德高望重的老者牵头,根据各村寨、各片区、各种田户每条水沟所需灌溉梯田面积的大小,经所有涉及用水利益的村民协商,约定每条水沟应该分得的用水量。

同时,为了保证分水公平公正、计量准确,哈尼人选用质地坚硬的木材刻出开口宽度

图 4-2　木刻分水

大小不同的横木,制成了中国历史上最早使用的明渠流量计——木刻分水器。木刻分水器是木制的,受水侵蚀和冲刷很容易移动、变形、腐烂,沟道日久会被淤泥或杂草堵塞,需要沟长检查、维护、清理,每隔几年都会更换一次木刻分水器。

把木刻分水器安放在渠道的分水口处,让水流按照开口宽度分水量分别流入各条分水沟。依照这一原理,到了下一个子或孙分水沟口,又根据每条水沟所需灌溉梯田面积再次分水。以此类推,总水沟流出的水,经过若干个开口宽度大小不等的木刻分水器分水到每块梯田,保证了每块梯田都能得到约定的用水量。①

二、苗族蜡染

蜡染是贵州丹寨、安顺、织金等地苗族世代传承的传统技艺,古称"蜡缬",苗语称"务图",意为"蜡染服"。

丹寨、安顺及织金三地是以苗族为主体的多民族聚居区,在长期与外界隔绝的艰苦环境中,这里的居民逐渐形成了自给自足的生活方式,古老的蜡染技艺因此得以保留下来。按苗族习俗,所有的女性都有义务传承蜡染技艺,每位母亲都必须教会自己的女儿制作蜡染。所以苗族女性自幼便学习这一技艺,她们自己栽靛植棉、纺纱织布、画蜡挑绣、浸染剪裁,代代传承。在此状况下,这些苗族聚居区形成了以蜡染艺术为主导的衣饰装束、婚姻节日礼俗、社交

---

① 刘勇.中国历史上最早使用的明渠流量计——云南红河哈尼族木刻分水计量制度的研究[J].红河探索,2012(4):47-49.

图 4-3
苗族蜡染

方式、丧葬风习等习俗文化。

苗族蜡染是为生产者自身需要而创造的艺术,其产品主要为生活用品,包括女性服装、床单、被面、包袱布、包头巾、背包、提包、背带、丧事用的葬单等。

苗族蜡染有点蜡和画蜡两种技艺,从图案上可分为几何纹和自然纹两大类。丹寨苗族蜡染的作者们更喜欢以自然纹为主的大花,这种图案造型生动、简练传神、活泼流畅、充满想象,乡土气息十分浓厚。安顺苗族蜡染以几何纹样为主,图案结构松散、造型生动。织金苗族蜡染以细密白色为主,布满几何螺旋纹,图案结构相互交错,浑然一体。

蜡染的制作工具主要有铜刀（蜡笔）、瓷碗、水盆、大针、骨针、谷草、染缸等。制作时先用草木灰滤水浸泡土布，脱去纤维中的脂质，使之易于点蜡和上色。然后把适量的黄蜡放在小瓷碗里，将瓷碗置于热木灰上，黄蜡受热熔化成液体后，即可往布上点画。点好蜡花的布再用温水浸湿，放入已发好的蓝靛的染缸，反复浸泡多次，确认布料已经染好，即可拿到河边漂洗，让清水冲去浮色，再放进锅里加水煮沸，使黄蜡熔化浮在水面上，回收后以备再用。之后，再将蜡染反复漂洗，使残留的黄蜡脱净，即算完工。丹寨蜡染在这之后还要拼涂红色和黄色，涂红的一般用茜草根，黄色则用栀子提取。为了避免褪色，一般要待蜡染品制成后才着色。除上述步骤外，蜡染还有制作蓝靛和发染缸等工序，各道工序前后连接，构成一套完整、成熟的技艺和操作规程。[①]

随着科技的发展，纺织品的种类不断丰富，蜡染作为贵州苗族地区主流纺织品的地位已渐动摇。伴随旅游业的发展，蜡染手工艺制品被当作特色旅游纪念品推向市场。而为了满足市场需要和追求经济收益，粗劣的蜡染制品大量涌现，对技艺的有序传承构成了威胁。由此可见，苗族蜡染技艺亟待得到真正的保护和合理的开发。2006年，苗族蜡染技艺被列入国家级非物质文化遗产代表性项目名录。

---

① 贵州非物质文化遗产之苗族蜡染工艺[J].贵州财经学院学报，2009（2）.

中国传统村落文化抢救与研究
文化区系列

第五章
Chinese Traditional Villages
村落

西南典型传统村落

第一节
贵州典型传统村落

截至目前，贵州累计有724个村落入选中国传统村落名录，数量居全国第一。其中，黔东南苗族侗族自治州累计入选409个，数量居全国地州市级第一。贵州传统村落主要以农业为主，分散在广阔山间、盆地或河谷地区，且大部分以血缘关系为纽带聚族而居。不同民族在贵州都找到了生存发展的土壤，山地民族有广阔的天地，稻作民族以坝子为中心扩展，且耕且牧的民族则在黔西高原上驰骋。不同的生计方式，支撑着不同的文化类型，并形成了不同文化风貌和文化传统，因而贵州传统村落充分体现了文化的多元性。

一、黔东南典型传统村落

（一）贵州黔东南苗族侗族自治州从江县岜沙苗寨

1. 村落概况

岜沙苗寨位于从江县丙妹镇西南部，都柳江南翼，大山东麓。整个村寨由老寨、宰戈新寨、大榕坡新寨、王家寨和宰庄寨五个自然寨组成，土地面积18.28平方千米。主要农作物有水稻、椪柑、薯类、玉米、西瓜等。

由于受历史、文化、自然条件等因素影响，岜沙人长期以来很少与外界交往，他们坚守着自己的传统文化，其民居建筑、服饰头饰与周边其他村寨迥然不同，独具特色。岜沙人至今还保持着古老的生产生活方式，岜沙村是我国现今唯一一支枪不离身的苗人部落后裔，至今依然故我地保持着本民族传统，保留着明清时期的生活习俗和服饰。他们穿着自织自染的民族服装，深蓝紫色泛着光。女子身穿大襟的上衣，下穿百褶短裙，扎绑腿，领口、袖口、下摆和绑腿都是姑娘们自己绣制的彩锦，项上戴着粗大的银环。男子头挽发髻，腰间别着砍刀，肩头挎着猎枪。在岜沙，每生一个孩子

图 5-1　最后一个枪手部落

家人都要种上一片树，让树伴随着孩子一起成长，到老死后就砍下一棵树做棺木，在墓穴上又种上一棵树，让生命在自然中延续。他们祭树、拜树，连成人礼上的仪式也与树相关，男子的发型要像养护树木一样剃掉四周的头发，让头顶的发髻长得浓密且长。因此岜沙先后被誉为"苗族传统文化的活化石和博物馆""全国农业旅游示范点""全国生态文化村""世界上最后一个枪手部落""地球上最神秘的21个原生态部落之一""人一生必到的55个旅游目的地之一""中国单身者十大旅游胜地之一"等。在《贵州省旅游业发展总体规划》中，岜沙被列为民族村寨类A级景区。2012年被列入第一批中国传统村落名录。

2. 传统建筑

岜沙苗寨房屋多顺着山势依次而建，村前寨后密林拥簇，隐蔽于绿色之中，古香古色。传统民居全部是木质结构的吊脚木楼，房屋上盖青瓦或杉树皮，体量较小，一般可分为两种类型：矮吊脚楼和楼房吊脚楼。坐落在山梁上的大多是矮脚房，主要是防止房屋被大风吹歪或吹倒。矮脚楼不设置底楼，一般在柱子距地面约0.5米的地方穿枋铺镶楼板以隔地防潮。屋内结构与设置基本与楼房相同。楼房吊脚楼一般为3层，底层墙板横装，主要用来关养牲口家禽，堆放柴火和肥料。二层设火塘、长廊、卧室。三层放置平时少用的杂物。居民家中设有火塘，用来烹调食物、接待宾客和取暖。节日祭祀活动也在火塘边进行，火塘又是祭祀的场所。吊脚楼二层一般设有长廊，宽约1.5米，供人们乘凉、歇息、就餐，或供妇女做针线和纺纱织布。岜沙禾仓也是用杉树做材料建造的，悬山屋顶，上盖杉树皮或小青瓦，四柱落地，多呈方形。

3. 特色文化

（1）服饰

岜沙男女服饰，大多是妇女自纺、自织、自染、自缝而成。一般以青色为主，白布仅供作内衣。其中比较有特色的是岜沙男子的服饰，其头部周围未蓄长发，顶部长发始终未剃，挽髻于上，形成特有的"苗鬏鬏"，苗话叫"户棍"。上身穿无领左衽铜扣青衣，下着直筒抿腰大管青布裤，赤足，出门时腰挂旱烟袋、火药葫芦、铁沙袋和砍刀。鸟枪不离肩，猎狗跟后走，个个如武士，所以说岜沙是中国甚或世界上最后一个枪手部落。

（2）丧葬习俗

岜沙苗寨的丧葬习俗是神奇的，在这里看不到在其他村寨常看到的坟墓，举目四顾，但见古树参天，森林密布。岜沙人自古以来从人与自然和谐相处的生态观出发，在人出生后，家中就为其栽一片林子作为其生命树，待其长至18岁婚嫁时，男孩从其中采伐一部分造吊脚楼娶亲，女孩则以其全部作为嫁妆陪嫁，称作'十八树"。每个人在生前，无论年龄多大，也无论富贵贫贱，一律不置备棺木。去世后，在其生命树边掘深坑，用生命树现做棺材，将遗体入殓后深埋于地下，其上不留坟头，而是栽上新的树苗。如果不幸夭折或非正常死亡，必须火化后深埋，更不留坟头，不立墓碑，但仍然栽树于其上。因此，岜沙人祭祀先祖都是在家中和大树下，遇有灾病也去大树下祈求先祖保佑和祛灾除病。

岜沙原生态民族文化色彩独特浓郁，民族传统文化历史悠久，岜沙人还传承着先祖的生产生活习俗。这里的树葬文化及芦笙节、秋千节、映山红节等民族节日还保留着原汁原味的原生态色彩，被称为研究少数民族远古文化的"活化石"与"博物馆"。

（二）贵州黔东南苗族侗族自治州从江县小黄村

1. 村落概况

小黄村地处从江县高增乡北部，东接贯洞镇几打村，南接本乡岜扒村、朝里村，西连黎平县双江乡岑和村，北邻黎平县双江乡黄岗村。小黄村村域面积约为 36.67 平方千米，耕地面积 2100 亩，其中稻田面积 1900 亩、旱地面积 200 亩。小黄村属北亚热带季风性湿润气候，冬无严寒、夏无酷暑，无霜期长，雨热同季，热量和水资源丰富。山地气候差异明显，春夏偏多，秋冬偏少，气候适宜。小黄村世居者全为侗族，侗族文化浓厚，侗族大歌颇具特色，民族服饰、刺绣独具一格，被称为"侗族大歌之乡"，2014 年被列入第三批中国传统村落名录。

2. 传统建筑

村落选址除遵循中国传统良好风水理论，选址在山腰，位置适中，"高勿近阜而水用足，低勿近水而沟防省"，同时能够争取良好采光，其前、后均有梯田便于耕作。建筑依山就势，顺应自然，呈阶梯状布置，保护环境，节省投资。建筑大多为 1—2 层，建筑户型格局、庭院布局、外立面风貌、建筑构件等有其独特的地域特色和民族风格。

小黄村内建筑多为干栏式砖木结构建筑，建筑风貌具有鲜明的侗族特色。村民住宅距今较久远，为木结构两层建筑，底层多圈养牲畜、堆放杂物。二层为居民生活空间，进深呈"三段式"布局，最前段为宽约 3 米的宽廊，是居民会客、晾晒衣物、手工生产等日常活动空间；最里段为卧室，中段为起居室，内设火塘，是家人团聚、娱乐、休息空间。在建筑构造上，采用传统营造方法，在屋顶、栏杆、门窗等构造方面均具较强的实用性，颇具地方特色。近年新建建筑，底层多为砖石结构，上层为木质结构，内部布局也与传统建筑有所不同。寨内现有鼓楼5座，巍然挺立，气概雄伟。鼓楼占地面积80平方米，鼓楼下端中间有一大火塘，四周置有长凳；楼门前为全寨逢年过节的娱乐场地。

3. 特色文化

小黄村是侗族大歌的发源地，它是极负盛名的"侗歌窝"，素有"歌的故乡""歌的海洋"之称。侗族大歌起源于春秋战国时期，至今已有2500多年的历史，是中国侗族地区一种多声部、无指挥、无伴奏、自然和声的民

图5-2 侗族大歌合唱场景

间合唱形式。1986年，在法国巴黎金秋艺术节上，贵州从江县小黄村侗族大歌一经亮相，技惊四座，被认为是"清泉般闪光的音乐，掠过古梦边缘的旋律"。2008年，侗族大歌被列入第二批国家级非物质文化遗产名录，2009年，侗族大歌入选联合国人类非物质文化遗产代表作名录。

侗族大歌以音质的完美优雅、和声的协调婉转而享誉海内外，在侗族地区有"饭养身，歌养心，歌叙事，歌传情"的说法。唱歌已完全融入侗家人的生产生活当中。如今的小黄村仍是人人会唱，人人爱唱，全寨700多户人家，就有七八十个歌队，100多个歌师。连已生育儿女的妇女都会再重新组合成新的歌队，怀抱娃娃练歌对歌。只是随着小黄村与外界的接触，学歌、唱歌的形式发生了相应的变化。小黄村侗族大歌走出了寨门、走出了省门，也冲出了国门。

（三）贵州黔东南苗族侗族自治州雷山县上郎德村

1. 村落概况

上郎德村（又名郎德上寨）位于雷山县西北部郎德镇，是一个苗族村寨。村域有较好的生态环境条件，地表资源丰富，村内四面环山，清澈见底的报德河绕村而过，跨河有杨大陆风雨桥，沿河有石磨碾房，两岸水车成行，周围满是茂密的山林。上郎德村寨的青瓦吊脚楼疏密有致地建筑在近山麓处的山坳斜坡上，木楼建成悬山顶屋面，曲径回廊，五条花街通向寨中，像太阳光芒四射。吊脚木楼与山川河流融为一体，宛如世外桃源。上郎德村是国家级文物保护单位，1997年被文化部（现文化和旅游部）授予"中国民间艺术之乡"称号，1998年被国家文物局列为"全国百座特色博物馆"之

图 5-3　上郎德村

一，2001 年被国务院列为"全国重点文物保护单位"，2010 年 7 月被列为"中国历史文化名村"，2012 年被列入第一批中国传统村落名录。

2. 传统建筑

上郎德村的传统建筑群大多保存完好，主要有吊脚楼、博物馆、杨大陆故居、杨大陆风雨桥、粮仓、寨门等，其中吊脚楼 140 座，风雨桥 4 座，杨大陆故居 1 座，民族博物馆 1 座，寨门 3 座，粮仓 20 座。建筑为苗族传统

图 5-4
古建筑群石碑

吊脚楼，主柱为杉木，框架系榫卯衔接，大多为四榀三间，上下三层，屋面多为斜山顶。底层进深浅，多用于饲养牲畜、储物。二层为生活空间。

清朝咸同年间苗族抗清领袖杨大陆的居所保存完好，完整地展示了清朝年间苗族建造工艺与建筑艺术，并成为后人纪念祖先、了解历史的载体。杨大陆风雨桥横跨望丰河，长37米，宽5米，原为撑架式木梁桥，虽经历多次维修，但最终被水冲毁，现桥为新建，添加了美人靠、石质桥墩、多层檐角飞翘、顶饰等，桥体坚实且不失传统风貌与美感。上郎德村的古寨门共3座，均为苗族传统寨门样式。其中以"三角两门"为一体的寨门最有特色。寨门虽为村落的防护设施，但现今多为村寨风貌与特色展示所用。

3. 特色文化

（1）鼓藏节

鼓藏节是上郎德村最隆重、最独特的节日。说它隆重是因为这

图 5-5 苗族歌舞表演

是苗族祭祀本宗支祖宗神灵的最大盛典，说它独特是因为每12年一次，有固定的程序、仪式和专门的鼓藏语。苗族鼓藏节具有鲜明的民族传统文化内涵，是苗族人价值观的展现。鼓藏节期间，苗族同胞和远方来的客人一起围着圈跳铜鼓舞，很是热闹。鼓藏节是研究苗族历史与文化的百科全书，具有重要的价值。2006年，鼓藏节被列入第一批国家级非物质文化遗产名录。

（2）苗绣

苗族刺绣文化源远流长，因为苗族人民没有自己的文字，他们便把在平时生产生活中常见的花草树木、鸟鱼虫兽绣在了衣服上。苗族刺绣具有传承历史文化的作用，主要表现在刺绣的图案上。几乎每一个刺绣图案纹样都有一个来历或传说，都深含民族文化，都是民族情感的表达，是苗族历史与生活的展示。蝴蝶、龙、飞鸟、鱼、圆点花、浮萍花等图案都是《苗族古歌》传唱的内容，色彩鲜艳，构图明朗，朴实大方。

（3）服饰

苗族的服饰有盛装、便装等。从苗族祖先流传下来的服饰来看，苗族比较重视女孩，所以女孩的服装比较华丽，谁家女孩身上的衣服越好看，银饰越多，就表示谁家越富有，而这一身的盛装将是女孩出嫁的嫁妆。

（四）贵州黔东南苗族侗族自治州丹寨县石桥村

1. 村落概况

石桥村位于贵州省黔东南苗族侗族自治州丹寨县南皋乡西部，依托乡道对外联系。其先民于元代定居于此，已有700多年之久。石桥村是典型的苗族村落，苗族所有的风俗在这里基本上都能看到。吊脚楼、风雨桥、民居、禾仓、芦笙堂等，都保持着特有的粗犷、真实、原始的色彩，神秘古朴，苗寨人独有的生活方式在此世代相袭。

石桥村坐落在山水之中，周围植被丰富，植物种群繁多，古树参天，拥有丰富而珍贵的物质与非物质文化遗产，有着独特的历史风貌和自然格局，是传统古村落选址的典范。

石桥村依山就势，村落整体景观良好，自然协调，古朴静谧，是传统可持续人居发展模式的体现，从整体格局到建筑风貌，石桥村都具有较高的科学与艺术价值。2013年，石桥村被列入第二批中国传统村落名录。

2. 传统建筑

石桥村传统建筑多建于二十世纪七八十年代，集中连片，多为苗族干栏式的木构建筑，依山顺势而建，鳞次栉比。建筑形态与山体形态一致，较好地适应于山体形态的原生态，保持了建筑与自然环境的有机融合，建筑群体轮廓的走势充分体现了与自然山体坡度的一致性。村寨中干栏式传统民居有吊脚木楼、连廊木楼、回廊楼屋等。以两层高的木质穿斗式建筑为主，房屋结构材料均为杉木和松板，有5柱或7柱一排的，为悬山式小青瓦盖顶，多为二楼一底，以三开间一栋为常见，簸箕寨多为吊脚楼。其因地形坡度显得错落有致，质朴沧桑，古风浓郁。村落内两座横跨古河道南皋河的风雨桥，为重檐青瓦顶，造型典雅，其

图 5-6　石桥村传统建筑

独特魅力不仅在于整体的独特造型，更在于体现了苗族人民的奇思妙想以及和谐的世界观。

3. 特色文化

石桥村是以苗族为主的少数民族村寨，民族服饰、传统民俗活动等都保留了苗族的传统文化特征。苗族的各项歌舞及传统节日等民风民俗在石桥村沿袭至今。传统节日有苗年、吃新节、春节、七月半、端午节等。古瓢舞、芦笙舞、对歌、斗牛、斗鸟等民俗也都世代相传。

（1）苗年

这一地区的苗族使用与汉族农历不同的历法——苗历。苗历的岁首，即为苗年。苗年是苗家庆祝丰收的日子，是一年里劳作的结束与欢乐的开始。节期举行祭祖，宴亲友，吹芦笙、斗牛、斗鸟、唱歌等民族传统文娱体育活动。2008年，苗年被列入第二批国家级非物质文化遗产名录。

（2）芦笙舞

芦笙舞又名"踩芦笙""踩歌堂"等。早在明代《南诏野史》中就有"男吹芦笙，女振铃合唱，并肩舞蹈，终日不倦"的记载，清《苗俗记》中也记有"每岁孟春……男女皆更服饰妆。男编竹为芦笙，吹之而前，女振铎继于后以为节，并肩舞蹈，回翔婉转，终日不倦"。这是一种以男子边吹芦笙边以下肢（包括胯、膝、踝）灵活舞动为主要特征的传统民间舞蹈，因用芦笙为舞蹈伴奏和自吹自舞而得名。舞蹈动作有连续旋转、矮步、倒立、翻滚等，让人领略到的是热情、奔放、令人心胸宽阔的想象。2006年，苗族芦笙舞（锦鸡舞）被列入第一批国家级非物质文化遗产名录。

（3）古法手工造纸

造纸术是我国古代四大发明之一，是中华民族对世界人类文明的一大贡献。利用树皮为原料造纸，在我国有着悠久的历史，贵州苗族长期以竹、楮造纸，楮树在丹寨石桥称为构皮麻（构皮树），是石桥村造纸的主要原料。石桥村至今还完整地保留着我国古代造纸的民间工艺，专家通过研究发现，石桥村的古法造纸工艺流程与《天工开物》记载的图解基本一致，是汉唐时期的造纸工艺，距今已有近2000年的历史。石桥村被称为"中国古法造纸之乡"，村中有大岩脚造纸作坊遗址。

图 5-7　古法造纸遗址

二、黔西北典型传统村落

贵州遵义市赤水市丙安镇丙安村

1. 村落概况

丙安村位于赤水市中部，距赤水市区 25 千米，东与葫市、元厚镇接壤，南和两河口乡交界，西与复兴镇毗邻，北接天台、旺隆镇，赤水河从东向西流经全境，茅赤公路沿赤水河北岸自东向西贯穿全境。丙安村日久岁深，是多民族聚居地。2012 年，丙安村被列入第一批中国传统村落名录。

丙安村历史悠久，是集盐运文化、古军事文化和长征文化于一体的，具有军事防御性质的村寨，颇具特色的木质串架结构建筑遗存丰富，村寨布局和整体风貌保存完好，整个村寨以历史遗存及其环境为主体，再现"千年军商古城堡"的历史风貌，体现古代中国传统商贸和旅游文化，具有较高的历史文化价值。

丙安村建于赤水河畔陡峭的危岩之上，背倚青山，三面环水，形成"镇依山建，水绕镇转"的典型山水格局。丙安村以一条弯曲宽平的石板街为主街，其余四条高低起伏且标高超过主街的石级踏步为巷街。村落以自然山水环境为基础，街道与建筑物沿赤水河岸的二级台地分布，形成三维立体结构形态，并有机地附着于自然环境形态之中，与自然山水的空间结构浑然一体。在村落东、西、南、北四个方位依次砌石为墙、垒石为门，建造出东华门、太平门、奠安门、平治门等四道寨门，形成军事城堡的格局，出入村落必须经过这些门。

图 5-8 丙安村

2. 传统建筑

丙安村地处沟壑地带，地势起伏大，沿河为特色民居吊脚楼群，历史建筑主要是红一军团部旧址、红二师师部旧址及古寨门。村落建筑大多垂直或平行于河流、街巷布置，街巷的走向小曲大直，建筑沿山地等高线均匀布置。

（1）吊脚楼

吊脚楼一律凿岩立柱架建，每幢楼房分别由数量不等的木柱或砖柱托撑，楼房组群标高 15—30 米不等，数百根托柱凌空拔起数十米，承载上万公斤的重量。其总体形制为吊脚楼，但其中又有许多变化，用途、功能不尽相同。挑承式的是悬空楼，有柱无墙不派他用的是虚脚楼，形似悬空楼、虚脚楼而无底层的是无底楼，仅赖一木柱或一石柱托起整幢楼房的是独脚楼。吊脚楼形似岌岌可危，实则稳如磐石。沿街前行可见悬空楼、虚脚楼、无底楼、独脚楼参差不齐，错落有致，别具风韵。

（2）摩崖石刻

丙安纤道边的摩崖石刻苍劲有力，三幅石刻并排相连，材质为青石，分别镌刻有"德傲泛舟""出民水火""畏威怀德"等文字，这些石刻被称为"军功德政碑"，至今保存完好，为研究贵州的军事史和赤水历史沿革提供了有力实证。

（3）古寨门

丙安村原有四道寨门，门洞、门扇俱全，寨门今存东华门和太平门，均为清代所建，门洞净框均宽 2 米、高 3 米、深 1 米，门墙高 6—7 米，全部采用条石砌墙。古寨门墙体石面表层已斑驳陆离，布满苔藓和地衣，门扇仅存东华门一扇，仍可见昔日的雄伟坚固。出寨门向西下坡是一条总长 63 米的石梯，每梯长 1.7 米、宽 0.3 米、高 0.15 米，右侧有高为 0.7 米的条石护栏，呈阶梯形向下延伸通向古码头，是居民进出的必经之路。

（4）红色遗址

红一军团驻地旧址建于 1934 年，驻地为一楼一底，木质串架结构。遵义会议后，为支援配合中央红军北渡长江，红一军团剑指川南，向赤水开来。丙安古堡成为红一军团鏖战赤水的神经中枢，军团将士们浴血奋战，打退了强敌一次次的追击，给敌人以重创，同

图 5-9
丙安红军渡口石碑

时也成就了四渡赤水的辉煌历史。2005年，经国家发改委、中宣部、国家旅游局等十三部委批准，丙安成为全国红色旅游经典地，列入全国红色旅游精品线。

（5）渡江码头

渡江码头位于赤水河下游与中游的分界地，又处于川盐入黔的古道上，早年上下木船常在此停宿，曾是重要的驿站和商品集散地。作为"仁岸"盐埠码头的重要组成部分，自清乾隆年间赤水河进行大规模治理后，丙安更是成为赤水河航运最繁荣的水陆码头，成为滇、川、黔三地往来盐船和商家必经的夜泊之地，其时沿岸酒肆和酿酒烧坊林立，商贾如云，丙安呈现出一派繁荣兴盛的景象。

3. 特色文化

（1）工艺文化

竹木雕和草编是丙安传统的手工工艺。竹木雕主要是在竹制、木制的器物上雕刻多种装饰图案和文字，或用竹头、木根，按其形雕刻成各式各样的陈设摆件。草编则是农闲时，心灵手巧的妇人以麦秆为原材料，编织草帽、草席以及各种各样做工精致、造型奇特的手工艺品。

（2）赶场文化

每逢农历三、六、九日，附近的村民与过往丙安的客商进行物品交易，交易地点大多在茶馆和酒肆，交易结束后，去茶馆喝盖碗茶或喝寡单碗[①]，交流感情，有时也没有特意进行交易，仅仅是为了摆"龙门阵"。

（3）花灯戏文化

老式花灯一般有两个角色，一男一女，男角称为"唐二"，女角称为"幺妹"。表演时唐二说白领腔，环绕幺妹大跳、戏逗，幺妹手舞花帕或彩扇，动作轻柔，同时以锣鼓伴奏，气氛热烈，此活动多在春节期间进行。

三、黔中典型传统村落

贵州贵阳市花溪区镇山村

1. 村落概况

镇山村始建于明朝万历年间，是一个拥有 400 多年历史的以布依族为主的民族杂居的村寨。该村历史悠久，文化底蕴深厚，空间

[①] 赤水一带的方言，指单饮酒不用菜。

格局基本完整，历史人文景观众多，区域自然景观丰富，是典型的屯堡文化与布依族文化相融相生的传统村落。村寨建筑特色明显，建筑艺术精湛，尚存有古建屯墙、庙宇（武庙）等历史遗迹，具有极高的科学研究价值。镇山村三面环水，一面环山，层层叠叠的石板房依山而建，以石为路、为巷，屯墙和寨门体现出村寨布局的军事防御功能。居民多班、李两姓，虽是异姓，但为同宗，该村是明朝屯军人与当地少数民族联姻发展的村寨典型。

村寨区位条件优越，距贵阳市中心约21千米，沿水路还可达花溪水库和天河潭风景区。镇山村1993年被贵州省人民政府批准为省级民族文化保护村，1995年被列为贵州省文物保护单位，1999年被列为首批贵州生态博物馆之一，2012年被列入第一批中国传统村落名录，2019年入选第七批中国历史文化名村。

图 5-10
镇山村生态博物馆

2. 传统建筑

镇山村以古屯墙为界，分为上寨和下寨。古屯墙由规整的石礅堆砌而成，始建于明万历年间，清代修葺；青石砌筑，虽大部分城墙已经倒塌，但整个城基全部保存。村内设有南北两座寨门，均由巨型料石所建，北寨门是村落的主要入口，南寨门保存有部分原貌。

建筑就地取材，石板为墙、为顶，民居坚固而耐久；形成石板屋顶，石板墙体。石板铺地，现存传统民宅50余栋，以石木结构建

图5-11 镇山村传统建筑

筑为主。墙面多用石料砌筑，或木结构加石板镶嵌，民居屋顶多以石板代瓦。

（1）上寨

上寨典型民居建筑多为三合院，建于明清时期，房屋一般为穿斗式悬山顶一楼一底石木结构建筑，正房三开间或五开间。堂屋设有吞口，双扇对开式木质大门，屋顶为不规则石板。

（2）下寨

下寨典型民居建筑多为长条排屋形式，始建于清代，后因花溪水库的建设搬迁至现有位置。其为穿斗木结构建筑，石板屋顶，4—6户联排，面阔约30米，排屋前通常设有通长院坝。

（3）武庙

武庙是目前镇山村保存最完整的公共古建筑，始建于明万历年间，坐落于村口北寨门的屯墙内侧，是一个四合大院，坐北朝南，穿斗抬梁混合式歇山顶木结构建筑，原有正殿和两厢，现仅存正殿。正殿面阔五间，进深三间，通高15米。

（4）古井

在村北进寨路上，沿着青石铺设的林间小路，可至一口石材围合的古井，四周石板铺地，是村民传统的饮用水、洗衣、洗菜处。

3. 特色文化

（1）屯堡文化

屯堡文化系明代从江南随军或经商到滇、黔的军士、商人及其家眷生活方式的遗存。移民们将农耕技术、工艺制造、中原式建筑、生活方式、风俗习惯、佛教道教、儒学教育、文学艺术等整个汉文化体系完整地移植到贵州，从而改变了贵州的文化面貌，带动了贵州各方面的发展。随着岁月的变迁，贵州的屯堡人仍奇迹般地保存着几百年前江南人的生活习俗，其民居、服饰、饮食、民间信仰、娱乐方式无不具有几百年前的文化因子，这种屯堡文化为研究古代汉民族文化提供了丰富的资料。

（2）布依族文化

镇山村保留了独特的布依族文化特色，别具一格的民居，传统动人的布依族民歌，精

图5-12 镇山村航拍风貌

美的蜡染及刺绣等民间工艺及正月跳场、"六月六"布依族歌会等构成镇山名村文化景观的要素。

镇山村1993年被贵州省人民政府指定为贵州民族文化保护村及省级重点文物保护单位，1994年经贵州省人民政府批准建立贵州镇山露天民俗博物馆，1995年对外开放，接待游客。至1998年，村民人均纯收入达5000元。文物、博物事业与村寨脱贫有机地结合起来。2001年，中国与挪威合作将镇山村作为"布依族生态博物馆"进行建设，2002年7月15日正式建成开馆。整个生态博物馆面积1.5平方千米，分文化遗产保护区、村民新区、传统农民耕作区和资料信息中心，总投资1000多万元。这一项目的建成对特定社区布依族文化的保护起了重要作用。作为欧洲先进的博物馆理念在贵州的实践，"生态博物馆"在贵州省民族文化遗产的保护与开发方面起到了一定的示范作用。[①]

四、黔西典型传统村落

贵州毕节市织金县营上古寨

1. 村落概况

营上古寨位于织金县东北部，南接自强苗族乡，东临乌江村，六冲河和三岔河将它环抱其中。村落距离县城中心56千米，村域面积约23.3平方千米，是一个多民族融合的自然村落，以苗族、汉

---

① 龙超云. 贵州民族村镇的保护与建设[N]. 贵州日报，2000-01-11.

族为主，杂居着彝族、哈尼族等多个民族。营上王氏祖先于清乾隆年间移居于此，该村是一个历史悠久的传统村落。营上古寨是织金县第五批县级文物保护单位之一，其古建筑群为贵州省级文物保护单位。

营上古寨是中国极具个性的古寨之一，源于其独特的选址配上巧夺天工的地形地貌。营上古寨建于三面悬崖绝壁之上，四周为山峦，喀斯特地貌突出，岩石呈柱状、笋状、尖状，兀地直冲上天，形成奇特壮观的景色。营上古寨，因安营扎寨而得名，它不是屯堡，却有捍卫自己的雄壮碉楼。作为一个历史悠久的传统村落，至今营上古寨依然留存有大量保存完好的历史文化遗迹。2013 年，营上古寨被列入第二批中国传统村落名录。

2. 传统建筑

营上古寨巧妙利用当地地理环境，建于三面悬崖绝壁之上，四周为山峦，将建筑融于自然之中，艺术价值较高。由于地势高差影响，整个寨子的建筑错落有致，层次感、空间感极强，从远处看，布局十分规整，极富韵律感。近处可以清晰地看出公共生活空间到私密生活空间的过渡，即街—巷—院—宅这种从闹到静、从公共空间—半公共空间—半私密空间—私密空间的完整的空间序列。

总体来看，村落建筑突出了居住功能要求，大量小型的封闭式院落群体形成了村落民居的主干。营上古寨布局严谨又富于变化，巧妙利用地形建造了适应当地环境及人居的建筑，将建筑融于环境之中，达到和谐统一的审美效果及居住功用，反映了人民的智慧和创造力。

营上古寨传统建筑群现存民居主要是清末民国时期建造的。民居因地制宜、就地取材，建筑为穿斗式梁架结构，四合院式的天井布局，建筑饰品极具生活气息，普遍采用雕刻手法，真实反映了当时的科学技术、生产力水平。

（1）王永年故居

王永年故居是当地传统建筑的典型代表之一。该故居始建于民国年间，王永年所建，为三合院，一正两厢，坐西南向东北，二层砖木结构，穿斗式悬山顶小青瓦。正房为面阔五开间、进深二开间，东厢地下层为牲畜房，紧邻东厢的偏房是二层带回廊的木结构穿斗式吊脚楼。占地面积约500平方米，建筑面积约890平方米。在20世纪30年代，营上古寨就已建成三座石碉楼，即王家碉楼、刘家碉楼和王家六角碉楼，成为至今营上最亮眼的建筑。

（2）月亮水井

月亮水井始建于清代，位于王家碉楼北侧，饶家大院门口，古道进寨道路的端口。水井用石板围砌，坐西南向东北，井前有石板井台。由于进寨道路抬高路面，现古井在道路堡坎内。

（3）干河坝子

营上古寨建于三面悬崖绝壁之上，崖下有条名为干河的河流从大坝中间穿过，因此这个坝子命名为干河坝子。干河坝子，上下绵延十余里，以前坝子里的小河常年泛滥，每每狂风暴雨之后，十里坝子瞬间成为一片泽国，村民期盼坝子不再洪水泛滥而取名干河坝子。如今由于上游水电站的截留，干河坝子里的小河真的成了干河，但古老的河道清晰可见。

3. 特色文化

由于历史上的大迁徙和独特地理环境等，营上古寨苗族形成了古老、深邃而独特、璀璨的文化。世居民族服饰绚丽多姿，蜡染、刺绣等工艺精美，民歌种类多样，调式固定，风格沉郁。

（1）苗族喊歌

喊歌即在高山、旷野演唱的山歌，其声音高亢清脆、嘹亮悦耳。喊歌是龙场镇、自强苗族乡等地滇东北次方言苗族民歌的一种演唱形式。人们在崇山峻岭、田间地头劳作乃至上山狩猎时均可自由演唱，歌声犹如呼喊，故称其"喊歌"。

（2）苗族服饰

营上古寨的苗族又称长角苗，其服饰色彩绚丽，图案取材于苗族大迁徙的历史，一套长角苗族的服饰就叙述着一段苗族沉甸甸的历史。长角苗服饰熠熠生辉，在苗学界被认定为苗族服饰的代表。虽然在时代的发展与变迁中，各民族在融合，这些世代传承演绎的服饰文化正在没落与消亡，但步入偏僻的营上长角苗寨，我们还可以随处看到在手工刺绣的苗女，间或看到染布的靛缸、闲置的老式纺车等。苗族的刺绣、蜡染、种麻织布以及农耕文化世代传承，因不同的支系而表现为不同的形式，于是便有了不同风采的苗族服饰文化。

（3）石雕石刻

营上古寨精美的石雕石刻是整个村寨文化的魂魄，石鼓上的卷草、兰花、荷花、麒麟送子、寿星寿桃，刻工精美，大气磅礴，威严而又书卷味十足，在方寸之间体现了石刻文化的精美。

第二节
云南典型传统村落

一、滇东南典型传统村落

云南省红河哈尼族彝族自治州元阳县新街镇箐口村

1. 村落概况

箐口村是位于云南省红河哈尼族彝族自治州元阳县新街镇土锅寨的一个自然村，是一个历史悠久的古老村落，在元末明初就有哈尼族先民生活在此。箐口村处于半山腰向阳处，其上方生长着茂密的森林，涵养的水源汇聚成溪流流入沟渠，沟渠从村落中间流过，穿过层层叠叠的梯田，汇流到江河。村落以水为媒介构成了一个循环体，森林涵养的水源给村落提供了最洁净的生活用水，多余的水流入梯田，给稻作农耕提供了最基本的生产条件，梯田里的水再汇入江河，河水蒸发变成水蒸气在森林、村落、梯田等处形成降雨。总体来看，箐口村是哈尼族"森林—村落—梯田—江河"四要素同构特征较为典型的村寨。

2. 传统建筑

箐口村的居住空间主要由土掌房民居及相关形变民居院落组成，也包括后期出现的混凝土现代民居。

（1）蘑菇房

蘑菇房是哈尼族极富特色的民居，因其四面坡的茅草顶状如蘑菇，人们将其俗称为"蘑菇房"。箐口村完整独立型蘑菇房民居通常以正房为主，房屋一般为三间，平面呈方形，尺度不大。底层通常用来关养牲畜和放置农具，第二层为厨房、卧室和火塘，公共空间狭小，卫生条件较差。屋顶为蘑菇顶，有封火层。此外在入口处还设较小的门廊，门廊一侧隔着小间供成年孩子居住，其上做晒台或储放杂物。

箐口村哈尼族蘑菇房变迁巨大，但蘑菇房中构筑神圣区域的最重要的核心文化符号——神龛和中柱却始终保持着，这充分体现了哈尼族人对祖先的高度崇拜，是哈尼族人强烈的祖先崇拜观念的表征。不论没有变化还是已发生变化的蘑菇房，其空间都体现了哈尼族人对祖先的极度重视和对父系血亲关系的追认。箐口村聚族而居的村寨分布格局，至今也依然具有维持血缘关系的作用，也是哈尼族人对家族血缘关系的确认的反映。[①]

（2）水井

村中分布很多水井，其中大水井是建寨时确定的专门用来供应祭祀用水的。要取一公一母两只鸡来祭祀大水井，祭祀仪式主要由大咪谷和小咪谷[②]主持。哈尼族人认为井水长流不断是因水神保护的缘故，他们来到大水井旁生火杀鸡，清除井边杂草，搭建祭台，待鸡肉煮熟后在祭台上供奉一碗糯米饭、一碗姜汤、一碗酒、四碗鸡肉、四碗饭。祭祀完后主持者在这里就餐。祭祀活动旨在接水神

[①] 谭本玲.箐口哈尼族蘑菇房变迁的文化研究[D].昆明：云南大学，2009.
[②] "咪"的意思为"地"，"咪谷"即"大地需要者"，引申为献祭大地的主祭人。该释义参见王清华的《梯田文化论》。

的水，祈求风调雨顺，五谷丰登，人畜平安。

（3）水磨房

与水一样，粮食作为村民生存所必需的另一个基本资源，在村民的生活中也占据非常重要的地位，而作为粮食加工场所的水磨房，也成为村中重要的生产生活空间。村民在水磨房进行生产劳动的交流，使水磨房在无形中成为村民信息交流的重要场所。现如今箐口村的水磨房已成为村内旅游景点，在这里展开了游客体验活动。

箐口村中的防御与神圣空间是指村落中具有防御和宗教功能的公共空间，其中包括物质实体空间和精神要素空间，主要由箐口村所依托的自然山体、梯田、村前寨门、神树和村后墓地构成。从水井和水磨房的遗迹可以充分看出，村民在公共空间中进行了大量的生产生活活动。

3. 特色文化

在哈尼族的民居建筑中有大量的生产、生活用具，如耕犁、镰刀、斧头、铁三角、土锅、铁锅、纺织机、八仙桌、木瓢、竹筒、木碗、木勺、酒壶、水烟袋、水磨、茶罐、扁担、锄头、储藏粮食的容器等。这些是箐口村村民日常生活、生产中最平常最普遍的器具，是构成哈尼族人相关习俗的重要部分。

哈尼族人能歌善舞，箐口村的哈尼族村民也喜欢自己传统的歌舞。箐口村的妇女一般都着哈尼族传统服饰，儿童一般都要戴虎头帽。现在依然还有很多人会织土布，主要是年老的妇女，织布场所一般是在家中。

二、滇西北典型传统村落

云南省大理白族自治州洱源县凤翔村

1. 村落概况

凤翔村位于云南省滇藏茶马古道沿线大理片区洱源县城西南部，为大理片区第二大白族聚居地。凤翔村于2010年获住房城乡建设部、国家文物局批准成为第五批中国历史文化名村之一，2014年被列入第三批中国传统村落名录。

凤翔村地理位置优越，背靠罗坪山，面朝点苍山，北部有白石江穿过。村落形态布局在村落建成之初形成，随着茶马古道的兴盛，其扩建呈带状分布，村落聚集式发展，逐渐形成团状型村落，建筑密度很高，用地紧张，组团形式多样。

村落主要以南北轴向街巷为形态骨架，辅以东西向茶马古道沿线为次轴，地势西高东低。街巷主次分明，中部主要为村民生活空间，空间密度小，基本满足日常生活需要。景观要素和活动场所主要分布在村落东西两侧，西侧靠帝释山一带分布着三教宫、列圣宫等祭祀场所，代表信仰和文化的景观要素出现在东侧靠凤羽坝子一侧，是村落入口处的一个物质化标志。

凤翔村水系沿着村落道路两侧形成网络状形态，水系主要来源于村落北侧白石江以及村落西侧罗坪山，总体走向由北向南、由西向东。水系由道路两侧宽30—40厘米的水渠构成，水渠根据道路形式变化，部分隐藏于道路下，部分裸露于地面。村落整体水系大部分裸露于地面，形成"门前流水人家"的景观效果。

2. 传统建筑

凤翔村白族民居群规模较大，民居建筑建于明、清、民国，建筑规模高达69万平方米。白族传统民居建筑大多为"三坊一照壁"、"四合五天井"、传统四合院、传统三合院等建筑形式，现存完整的明清时期建造的民居多达14座，且部分民居如今还有村民居住。凤翔村如今的新建民居，基本还延续着明清时期的白族传统民居样式，只是在建筑内部布局上做了相应改造以适用现代生活需要。白族民居群从景观层面来说具有极高观赏价值。

（1）凤翔书院

凤翔书院始建于清雍正年间，位于凤翔村主街道。最初作为村里的文庙使用，先后两次惨遭兵匪烧毁，后世几经重建复修后改名凤翔书院，为洱源县七个书院之一。洱源县文化教育的萌芽起源于明代洪武年间县衙在县内设立庙学，选县内优秀子弟进入学习。按照明朝制度州县须设立社学，这样的社学在各乡各县都有，凤翔书院最初以凤翔村主街道为中心，招收附近子弟进入书院学习。

（2）武庙

凤翔村武庙又称为关圣宫，位于凤翔村石充街道，与凤翔书院相邻。武庙作为凤翔村村民的小型公共活动场所于2004年进行翻修。如今武庙建筑内院只剩大殿与两侧偏房，两侧偏房墙上书写"忠""义"二字，大殿立柱雕刻精美的木雕图案。翻修后的武庙样式按照白族传统建筑样式修建，青墙白壁加上传统木雕，村民希望在翻修过程中尽力复原它深厚的历史底蕴。由于年限太长，无法修复照壁与大门的样式，后世人们将凤翔小学与武庙合为一个院落，意在对武庙的保护与文化的传承。

（3）留佛双塔

留佛双塔建于清末，造型古朴、敦厚。一塔高 4 米，另一塔高 3.89 米，两塔的样式源于 13 世纪的喇嘛塔。留佛双塔位于大官路靠村落东侧入口处，名字源于白族民间传说。相传凤翔人祈求风调雨顺国泰民安，从佛堂村请来佛母以保佑村民，而佛母常思故土不安职守，不时逃回故地，后来经高僧指点后建此二塔以留住佛母，使其安于职守，故取名"留佛塔"。两塔基座为多边形状须弥式座，其中一塔为两台基座，另一座为一台基座。塔身上部鼓圆，塔刹由两个大小不等的圆体重叠而成。根据建造位置和传说内容，留佛塔属于风水塔，与村落布局协调一致。

（4）镇洪塔

镇洪塔位于村落北侧白石江边，清道光年间因境内发大水淹没田园屋舍，村民请来堪舆学者指点，建镇洪塔。不同于圆柱形的留佛塔，镇洪塔为四边形塔，基座也有简易的菱形台，塔高 4.5 米。按建造材质分，镇洪塔属石塔，由于年代久远，墙面表皮有些脱落。镇洪塔建立之初距白石江两三百米，后来在村落建设发展过程中，居民新建的住房逐渐围住了镇洪塔，所以在如今的场地内给镇洪塔划定了范围，塔的正前方修建了广场，整体形成一个开阔有序的空间。镇洪塔位于高处，广场下沉，一高一低，相得益彰。[①]

3. 特色文化

本主信仰是白族特有的宗教信仰，"送平安子"是白族本主信仰的重要仪式，同时也是最基本、最重要的祭祀活动，每一年，每家

---

① 罗君灵. 洱源县凤翔村景观空间特征研究 [D]. 昆明：西南林业大学，2019.

每户都要去本主庙举行"送平安子"仪式。凤翔村的"送平安子"仪式从准备到举行是一个完整、复杂的过程,主要分为"生祭"和"熟祭"两个阶段,通过祭祀活动祈求获得保佑。民间宗教除满足一般民众的个人心理需要外,还表现出个人与社会的不可分割性。举行这样的祭祀活动,能起到增强群体凝聚力的作用。[①]

三、滇西南典型传统村落

云南省临沧市沧源佤族自治县翁丁村

1. 村落概况

翁丁村位于云南省西南部中缅边境的阿佤山中,隶属于云南临沧市沧源佤族自治县勐角傣族彝族拉祜族乡,属于山区。村落地势北高南低。新中国成立前,翁丁村一直处在原始社会阶段,新中国成立后从原始社会直接过渡到现代社会,村落中至今仍保存着原始佤族民居,延续着传统风俗习惯。翁丁村是中国迄今为止保存最好的原始村落之一,于2012年被列入第一批中国传统村落保护名录。

翁丁,佤语意为"云雾缭绕的地方",平均每年有100多天的云雾天气,有壮观的佤山云海和壮丽的日出等美丽的气候景观。翁丁有着中国保存最完好的佤族传统村落,拥有400多年的历史。村寨依然保有原始形态的民居建筑群,到处都有浓厚的原始部落气息,被《中国国家地理》誉为"中国最后一个原始部落"。

---

① 杨政业.白族本主文化[M].昆明:云南人民出版社,1994.

由于翁丁村自建村以来就一直处于原始社会阶段，生产力相对低下，原住居民在长期的发展过程中对周边自然资源、土地资源的依赖程度较高，村落发展采取完全与周边自然环境亲和的方式，形成了"山—田—林—村"相互依存的有机整体。

翁丁村村落现状空间格局的形成与当地佤族传统文化有很大关系，是佤族特色宗族文化和原始宗教文化的物化体现。翁丁村由杨氏先祖首先建寨，发展过程中外姓佤族不断迁入，形成了如今以杨氏、李氏、肖氏、赵氏、田氏五大姓氏为单位连片共居的村落，这五大姓氏族群的区分也体现在了翁丁村村落格局中。此外，在翁丁村独生子女继承长辈住宅，非独生子女则由长子继承，后辈结婚分家盖房不能盖在自己父母房屋的上方，必须往山下方盖，所以住在村落北方的都是村落中辈分较高的长辈，而住在村落南方的则是晚辈，这种建房习俗也对村落格局产生重要影响。

整体而言，村落选择在一处较平缓的坡地上背山而建，坐北朝南，朝山下发展。由于独特的建房习俗以及尊卑有序的文化传统，村落中比较重要的佤王寨、木鼓房和广场都分布在地势较高的北边。因为村落所处山坡坡度较平缓和村落中五大姓氏族群的小聚居，所以村落中住宅并未沿等高线排列布置，而是呈现出五大组团的分布状态，其中，村落西北部最大的组团是创始人杨氏族群的聚居地，西南部小组团是赵氏族群聚居地，东北部组团是李氏族群聚居地，东南部是肖氏族群聚居地，中南部是田氏族群聚居地，五大组团由自广场延伸而下的两条主路和数条横竖向支路连通。此外，由于当地原始宗教文化的影响，村落中已故先人的墓葬群紧靠村落西面散布，佤族神林则紧邻村落东北处建筑群。

2. 传统建筑

翁丁村被称为"中国最后一个原始部落"，是我国佤族历史文化和传统建筑保留最完整的原生态村落，村寨周边环绕林地和磅田，繁茂的古榕树环村分布。村落建筑风格统一，为全木结构茅草房，分为干栏式和鸡笼罩式两种，现存大部分传统建筑是干栏式，鸡笼罩式现在仅供村落中孤寡人群居住，数量较少，建筑体量也较小。两种类型建筑共居一寨，布局错落有致。民居落地房、干栏式房屋及附设建筑粮仓房、木鼓房、撒拉房、祭祀房以及寨门等建筑构成佤族村落完整的房屋建筑体系，地域特色浓郁，民族文化深厚。

村中干栏式建筑由草片覆顶，为竹木结构，檐口低矮，整体外观与草帽相似，故又俗称"草帽房"。房屋分为上下两层，上层住人，下层架空用来饲养牲畜、堆放柴火和杂物。屋顶为椭圆形，由屋架、椽子、竹条、草片、藤条等材料构成，利于通风透气，冬暖夏凉；屋顶两边用竹子或木片架设燕尾状图腾，代表"司岗里"传说中的火神燕，意在祈求火神保佑平安无火灾；房屋侧面开一道门，设平台，架设楼梯。平台上设"鬼火塘"，专门用于祭祀，平台也是村民日常生产、活动的主要区域。房屋二层居住空间主要划分为堂屋和主、客卧室，堂屋集客厅、神灵供奉、厨房、洗漱间等功能于一体。中央设有主火塘，左边设客火塘，主火塘中的火常年不熄，只在每年换一次新火。现在为了实用，已经基本取消了客火塘和鬼火塘。火塘上方有三层火坑台，用于保存干燥的物品和烘烤食物，火塘也是居民重要的交流和厨房空间；供神台一般设在堂屋一角，用于日常祷告。此外，晒台也是翁丁村传统建筑的重要组成部分，翁丁村晒台主要有两种形式：一种位于正房侧面，通过开设小门与房屋连通，另一种则在院落中单独设置。

3. 公共空间

（1）寨桩

寨桩位于翁丁村正中央，是当地佤族人图腾崇拜的产物，树立寨桩意味着人类在此地繁衍生息。寨桩主要分为三部分：第一部分是用龙竹做的幡杆，顶部有竹篾制成的饰物，幡杆靠上部位穿插篾条，具有装饰和辟邪功能，篾条下方挂有木船和木鱼，代表村民希望风调雨顺、年年有余的美好愿望；第二部分是在幡杆旁边的木塔桩，高约两米，为村民用斧头砍凿而成，塔身用白石灰漆刷并且刻上圆点、方块、三角等图案，代表村民赖以生存的一草一木；第三部分是寨心石，在木塔旁还有一个木桩，桩顶钉上了木盆用来赕佛，杆脚下放着一块鹅卵石代表村寨中心。

每逢节庆日，村民会在幡杆上挂白布幡，带着食物供奉寨桩，围绕寨桩载歌载舞庆祝丰收，祈求来年风调雨顺、五谷丰登。此外，寨桩也是全寨举行宗教仪式的重要场所。可见，寨桩不但是翁丁村的中心，也是翁丁人的精神信仰中心。

（2）神林

神林紧邻村落，位于村落东北方。古时杨氏先祖来此建村时在现神林位置种下一棵榕树，通过榕树是否存活来确定村寨选址，若树存活，便说明此地风水佳，利于村寨发展，便在此建寨，于是便有了现在的翁丁村。每年杨氏族人都会在榕树旁边祭拜边在树桩周围垒上一颗石头用以记录榕树和村落的历史。翁丁神林也是村落进行重要祭祀和宗教活动的一处重要仪式场所，佤族著名的猎头祭祀制作的人头桩就在神林中。后来猎头祭祀逐渐演变为用鸡头进行祭祀，为了满足仪式需要，佤族人用篾条做成人头的形状固定在木桩顶部，将木桩立于神林中进行祭祀活动。

4. 特色文化

（1）原始信仰

翁丁佤族认为万物有灵，主要信仰原始自然宗教，主要表现为自然崇拜、祖先崇拜、鬼魂崇拜和动物崇拜等，其神话传说《司岗里》中记录了树神、岩石神、老虎神、马鹿神等神灵。佤族最崇拜的神灵是"木依吉"。村寨附近都会设一处"神林"（又称"鬼林"），专门用来举行拉木鼓、猎头祭祀、砍牛尾等大型宗教活动，林中存放人头骨的地方被佤族人视为"木依吉"存在的地方。

除"木依吉"外，翁丁佤族信仰中影响力较大的还有祖先崇拜和水牛崇拜。佤族人多半会在家中设立神台，供奉一个名叫"阿依俄"的祖先，家中有生育、死亡、结婚、盖房等大事发生时，都要举行祭祀活动，祈求阿依俄的保佑。翁丁佤族人对"阿依俄"的崇拜也体现在日常生活中，如每天的第一杯茶或酒的第一口必须倒在地上让祖先品尝。佤族人也崇拜水牛，认为水牛是勤劳和力量的象征，翁丁佤族人会在家中和村落中悬挂水牛头骨，也会在室内外画出牛头的形状，以表示对水牛的尊敬和对水牛灵魂的崇拜。此外，佤族人将水牛头作为神物，以此来彰显经济实力，在剽牛仪式后部分居民还会砍下牛尾作为祭祀用品，用来彰显富贵。

（2）木鼓文化

木鼓文化是佤族文化的象征，贯穿于佤族整个发展历史。佤族人认为木鼓是通天神器，据说只要击打木鼓，"木依吉"就会出现接受人们的供奉，所以木鼓是佤族人祭祀时最重要的法器，村寨中还会在地势较高的地方建设木鼓房专门用来存放木鼓。

古时，木鼓不能随意敲打，只能在重大祭祀活动或者军事行动时才敲响木鼓，但是随着村中木鼓房的发展，木鼓文化逐渐褪去了神圣外衣，村民在传统节日、歌舞集会乃至平时的娱乐活动中也会用木鼓作为乐器来调节氛围，木鼓房也成了村民日常集会的重要地点。现在，木鼓不仅是佤族人祭祀时的重要法器，也是村民节庆、娱乐活动中重要的器具，木鼓文化也由神圣的宗教文化逐渐演变成了佤族的民族文化，并成了佤族的文化标志。

（3）剽牛仪式

每逢重大节庆或祭祀活动，翁丁佤族都会举行剽牛仪式。因为当地以黑为美，崇拜水牛，且认为牛角越大的牛就越是神圣，所以村民会选择大角的黑色水牛作为祭品。剽牛仪式由村内德高望重的老人主持，仪式开始前，村民将选定的祭品绑在剽牛桩上。主持者手端水酒，走至场地中央跪下，一边念诵祷词一边吞下酒滴，祈求五谷丰登、平安有余。念完祷词，主持者退至场地边，剽牛手们轮流持标枪刺向牛的心脏，直到祭品死亡。祭品死亡时便宣告仪式成功完成，村民便会开始欢呼庆祝，剽牛手则会砍下牛头和牛尾继续用作祭祀用品，然后将牛身切割成条块状牛肉，用竹篾串起，分到全寨各家各户。[①]

[①] 王登辉. 云南典型民族传统村落保护更新研究——以翁丁、翁里、乐居村为例[D]. 昆明：云南农业大学，2017.

四、滇中典型传统村落

云南省昆明市西山区团结镇乐居村

1. 村落概况

乐居村位于云南省昆明市境内，隶属于昆明市西山区团结镇龙潭村委会，属于半山区。村落建于团结镇西北一处山坡上，坐西朝东。该村是典型彝族传统村落，村落后山山腰处有一处活水水源，水流顺势而下形成了乐居村前的永胜河，造就了乐居村背山面水的风水格局。村内四合院建筑属典型的老屋"一颗印"民居，基本特色是三间挂四耳，即三间正屋，左右各有两间耳房，正面口墙封为四方形院落，整体方形如"印章"，故称"一颗印"。乐居村别致的民居、淳朴的民风和厚重的民俗，蕴藏着巨大的民族文化宝藏，于2013年入选第二批中国传统村落名录。

2. 传统建筑

乐居村虽然是一个彝族传统村落，但当地彝族先民建房并未选用传统的彝族土掌房，而是沿用了彝族在此定居之前乐居村原有的"一颗印"建筑形式，经过上百年的发展壮大，形成了如今由多种形式的"一颗印"民居建筑组成的彝族传统村落，如彝族先民因地制宜创造的"半颗印""连排一颗印或半颗印"等建筑形式。乐居村传统"一颗印"建筑群，近40%的建筑有超过200年的历史，50%的建筑有超过100年的历史，是目前昆明市范围内保存最好、数量最大、最具原生态的"一颗印"民居建筑群。

普通民宅是两层楼瓦房，形式多为"三间四耳倒八尺"的四合农家院。主房居中，正中一间的楼上十分神圣，这是供奉家坛的位置；楼下是堂屋，用作家庭议事或招待客人。耳房也有所讲究，楼上一般住人和存放粮食，楼下便是厨房、柴房和厕房。在结构上，以木料做梁，并在排梁间及楼板照面枋的下面放置穿枋固定，把整栋房子的排架联成一体，提高抗震能力。四周用石为基础，以土基砌墙；屋顶用筒瓦和板瓦覆盖；室间以木板分隔；大口的口楼用五面石做底，砖砌两壁，木挑飞檐，有的门檐裙板上还雕有"二龙夺宝""丹凤朝阳"等彩画。少数人家门前还建有照壁，绘有松鹤图或朱色的福字。

3. 公共空间

（1）土主庙

彝族信仰土主与本主。土主信仰一般表现为自然崇拜或对族中已故有名望之人的崇拜，本主信仰则是祖先崇拜。彝族人会在村落中建立庙宇用于祭祀土主与本主，后世统称土主庙。乐居村现存的土主庙是 2002 年在西华寺基础上重建而来。庙中正殿供奉土主和彝族宗教体系中的神灵，正殿左边建有财神殿和观音阁，偏殿设有孔子牌位。每逢重大节日，乐居村村民都要到土主庙敬天地、礼神明，极为隆重。

（2）猎神树

土主庙后方有一片森林，林中有两棵树，因为年代久远，体形巨大，被乐居村村民称为"猎神树"，每逢家中有重大事件，村民便会前来祭拜，"猎神树"是乐居村彝族村民神树崇拜的一种物化表现。

4. 特色文化

乐居村旧时有丰富的民间技艺传承,俗称"九匠"。时至今日,只有与日常生活息息相关的技艺传承下来,如乐居村无论男女,都喜歌善舞,每年还要举办"赛歌会";乐居村人喜欢喝酒,逢餐必酒,所以形成了爱酿酒的风俗,乐居村人酿的酒远近闻名,俗称"龙潭小茅台";乐居村妇女的刺绣能力出众,刺绣和织绵产品远近闻名;乐居村的卤菜也受到当地人的广泛称赞。[①]

第三节
广西典型传统村落

一、桂北典型传统村落

(一)广西桂林市龙胜各族自治县和平乡龙脊村

1. 村落概况

龙脊村位于广西北部、桂林市龙胜各族自治县的南部,毗邻G321国道,距龙胜县城21千米,距桂林市区约76千米。龙脊村地质形成年代久远,形成了高山—阶地—河谷的地貌地势,高差约

---

① 王登辉. 云南典型民族专统村落保护更新研究——以翁丁、翁里、乐居村为例[D]. 昆明:云南农业大学,2017.

1000米。当地构造基线呈东北—西南走向，与山脉走势一致，断裂明显，属于典型的断块山地。龙脊村靠山而建，山水相融。村两侧山体犹如屏障将村寨包围，山体犹如巨龙盘踞，而村落刚好位于龙的脊背上，故唤作"龙脊"。该村属于少数民族型村落，由廖家寨（北）、侯家寨（中）和潘家寨（南）3个壮族村寨组成，人群早在800年前就已迁入，因而又有龙脊古壮寨的美名。[①] 村落坐西朝东，负阴抱阳，从风水理论来说，是具有向阳、聚气和避风等特征的"兴旺"之地。该村是桂北山地典型传统村落。

龙脊村是壮族梯田的发源地，壮族的梯田是人与自然的完美结合。先民建设家园的智慧和在大自然中求生存的意志在梯田中充分体现。梯田主要种植水稻、玉米，也种植辣椒、四季豆等蔬菜。为最大限度地利用水，梯田设置在村寨水源的下游，同时靠近房屋，交通便捷。梯田整齐，线条自然，长长的波浪线展现出动态美，极具层次感。梯田几乎承载了村落的所有农业，梯田收成的好坏也决定了村落经济和村民生活的优劣。村民世代耕种，传统农作设施是农耕文化和稻作历史的重要物质载体。水碓是先民利用水力提高农业生产力的发明。先民利用水的落差产生的动力设计水碓，并建水碓房且将其广泛应用。另外，结合水车设计石碾坊，利用杠杆、凸轮的作用，碾压谷物去壳。太平清缸刻有壮族水神蛙图腾，缸里蓄满水，方便附近居民生活，也用于旱季防火抗旱。每逢年初一，村寨的廖姓村民来此祭拜。

[①] 郑景文，欧阳东. 传统村寨空间网络探析——以桂北少数民族村寨为例[J]. 新建筑，2006（4）：73-75.

2. 传统建筑

龙脊村属亚热带季风气候，降雨量充沛，多云雾且瘴气弥漫。先民为适应当地的气候地势，巧妙地将南方干栏式建筑用技艺加以描绘。[①] 龙脊村的代表性在于它保存了完整和大规模的干栏式吊脚楼建筑群。所有的民居横梁插榫、垫石立柱，层层而上，而开间、楼层、屋脊又没有固定的模式，依据家庭的财力、人口等建造，活泼而充满智慧。

（1）侯玉金宅

龙脊村现存七座百年老宅，其中一座侯玉金宅有150年历史。其建筑的主要特点是在堂屋前都有门楼，且门楼处都做了退堂处理；室内以堂屋为中心，两侧火塘与梢间皆对称布置，由于大门设置在堂屋正前方，自大门进入后，室内空间轴线明确，中心为尊的礼制观念表现较为明显。整栋建筑以杉木为材料，以凿榫、打眼、木栓穿合，充分显示木匠绝活，其中最为著名的是它"一柱四门"的"套间"设计。一柱四门是指一根柱子上开有四扇房门，可相互沟通。[②]

（2）风雨桥

风雨桥曾是寨中廖、侯、潘三姓村民主议事的场所。桥上的"三鱼共首"寓意三家族团结一心，同舟共济，是风雨桥的亮点，也是该地区的标志性图腾。现在其作为坐凳依然有村民在此处纳凉。风雨桥与龙泉亭互为对景，从风水角度来说，风雨桥位于水口处，水是流动的，滚滚财源在水口被风雨桥锁住，预示村子留得住财富。村民在此淘米、洗菜和聊天，无拘无束，生活悠闲。

[①] 周开保.桂林传统村落保护发展的模式探讨[J].广西城镇建设，2014（11）：34-45.
[②] 赵冶，熊伟，谢小英.壮族传统民居的现代演变——以龙胜龙脊村为例[J].华中建筑 2012（1）：152-158.

(3) 古碑石刻

龙脊村有多处古碑石刻，记载村民生活的重大事件，是龙脊村历史的化石。碑刻内容反映壮族人民生活抗争的故事，最著名的是平段寨水沟旁的潘天红为民请愿碑——奉宪永禁勒碑。相传清乾隆年间寨老潘天红到桂林府状告龙胜厅官僚压榨百姓，苛刻的赋税条款导致民不聊生，最后官府应允了人民的要求。这座石碑反映了龙脊人民的抗争历史，也是不屈不挠的龙脊精神的见证。[①]

3. 公共空间

壮寨自古有"种树护寨，护佑寨民"的居家习俗，龙脊村中的大樟树和红豆杉已有200年树龄，被列为国家重点保护古树。古树有灵气，是村寨风水兴衰的象征，被人们当作树神来供奉并赋予神秘色彩。

水是梯田的命脉，没有水就没有生命的律动。全村有龙泉、清泉等4处泉眼，大小溪流50余条，最大的为金江河。泉溪是村落不可或缺的景观要素，龙脊村的农业和生活用水都来自山顶的泉水，泉水日夜不息，绕过山石、房屋，滋润农田。村民如今依然用竹片这一古老的技术引水灌溉，赋予龙脊村灵动的美。

4. 特色文化

龙脊村节日众多，月月有节，但节日文化几乎都由稻作文化母体衍生而来。结合水稻的生长规律，产生了一系列对应农业生产各阶段，包括祭祀、祈福的特殊节日，表现为春祈、夏伏、秋报、冬酬的稻作生活。

---

① 赵冶. 广西壮族传统村落及民居研究[D]. 广州：华南理工大学，2012.

龙脊村的寨老制度是在特定环境中产生。民国初期为抗衡外部势力，争取有限资源，各村寨联合起来，形成一个统一行动、共同议事，具有结盟性质的议团。此后，活动定期在平段寨举行，一年两次。各寨都由一个有威望的人作为代表，参与寨内外事务，其工作内容是引导舆论，劝服村民遵守乡规民约。

壮寨姑娘夏天头裹红色头巾，穿着上白下青的服饰，用丝、花形和配色都很有讲究。裤子青色，中部镶有两道一寸宽的花纹，再配上耳环、银手镯。少数民族大多能歌善舞，壮族也不例外。歌舞是村民劳作之余最常见的娱乐方式，传统的舞蹈有师公舞、铜鼓舞、打棍舞等，山歌分为情歌、祭祀歌、劳动歌、祝酒歌等。在重大节庆上都少不了歌舞表演以增添喜庆氛围，年轻男女也通过这样的方式相互交流，寻找喜欢的对象。

生活在高山当中，自然资源富足，当地农耕和节庆文化孕育了民族特色饮食。"龙脊四宝"包括曾作为御用贡品的茶叶，生长在高海拔的肉厚籽少、香味诱人的辣椒，后劲十足、芬芳爽口的水酒及其酿造的原材料五香糯米。竹筒饭、烟熏肉、竹筒鸡汤、趴石鱼等，各种典型的壮家菜肴令人欲罢不能。①

（二）广西桂林市灌阳县月岭村

1. 村落概况

月岭村位于广西壮族自治区桂林市灌阳县文市镇，距桂林市140千米，位于两省区（广西、湖南）三县（广西灌阳县、全州县

---

① 阳弋驰.广西传统聚落文化景观调查与分析[D].南宁：广西大学，2017.

和湖南道县）交界之地，是岭南古道上一个重要传统村落，是桂北平原典型传统村落。东与玉溪村交界，南邻吉田村，西濒灌江与西就村隔江相望，北靠文市村。村落三面环山，植被茂密，环境优美，其古民居始建于明末清初，是广西境内保存较为完整的古民居群落。

月岭村古时称望月岭，因为西南山形如犀牛横卧，状似抬头望月而得名，民国时期改称月岭村，1952年改名月岭乡（小乡），1958年改名月岭大队，1962年7月改月岭公社，1968年恢复月岭大队，1984年改称为月岭村，沿用至今。一个村委辖一个自然屯，分10个村民小组，约1600人，同宗一脉相传，全部姓唐，无一杂姓。

根据月岭村的《唐氏宗谱》记载，唐氏系出山西晋阳郡，唐末年间，远祖因领兵鹅公大丘，旨令升用湖南永州府总镇十二年，后立籍湾复村。始祖唐绍夫，自宋末理宗淳祐四年（1244）来灌阳文市镇，原居月岭栾角山东面地洞湾复，绍夫娶妻池氏，生子有贤，有贤生贵七，贵七生五子存福一，福一生六子：宗祥、宗曙、宗敏、宗遥、宗权、宗达（止），成为月岭先祖五房，五房后裔子孙相传迄今28代，散布海内外各地计4000余人。

月岭村保存有大量明末清初的文物古迹，其中清朝乾隆至咸丰年间，是月岭村兴旺发达的鼎盛时期。虽然时光流逝，岁月沧桑，月岭村的自然面貌和古建筑有了一定的破旧损坏，但古建筑保存完好，人们还能够看得到自然资源与人文景观交相辉映、和谐相融的概貌。2013年，月岭村被列入第二批中国传统村落名录。

月岭村古民居始建于明末清初，属典型的湘南式民居。湘南式民居讲究天人合一、枕山、环水、面屏，村后高山形如犀牛横卧抬头望月，故名望月岭，现称月岭。南面田野开阔，佛盖山为屏障，直上云霄，似寿仙骑鹤；北面田野同样宽广，有磨头山与文市相隔，似双狮戏球；朝向东面开阔，一目数十里，直观两省区交界之地。

月岭村古民居巷道较窄，多数巷道处于建筑阴影之中，且巷道铺满条形青石板或青砖，旁有排水明沟沿巷布置。民居朝巷道一般不开窗，只有或质朴或精致的门楼点缀其上，与山墙形成错落有致的巷道界面景观。月岭村民房建筑排列井然有序，全村原为六个大院组成，六个大院依着地势由高向低排列，由西南向北，自多福堂起东路依次为翠德堂、锡嘏堂、文明堂，西路为继美堂、宏远堂。整个村庄动静刚柔结合，阴阳融合，涵蕴天机。

2. 传统建筑

月岭村的传统建筑，依山就势，民居多为二进三进式，占地面积约48500平方米。建筑年代主要集中在三个时代：一是明代，建于此期的建筑形貌古朴，简洁大方，造法和形制有明代风格，现基本无存；二是清代，此时的建筑在式样做法和细节方面都比明代建筑繁杂和细致，木雕精美；三是20世纪30年代，虽然这是一个战乱频频、民不聊生的年代，但对月岭村却是黄金岁月，富家频出，出现一个房屋建设高潮，建筑物深深打下了那个时代的烙印，圆明园风格的建筑出现，建筑整体是西洋与东方交融渗透的民国样式，体现在建筑构件上，比较突出的如精致繁复的雕花栏杆、窗格等。

（1）"孝义可风"贞孝牌坊

此坊修建于清道光十六年至十九年（1836—1839），是该村举人、时任知县唐景涛奉旨为其母亲史氏所建。牌坊高10.2米，宽13.6米，跨度11.05米，为四柱三间四楼式大理石仿木结构，上似梯形，四只鳌鱼正吻，两两相对，中间两根正方形石柱高达5.4米。柱石基座为石礅，南北两侧均有抱鼓石护柱，使高架凌空的石坊显得浑厚凝重，同时具有夹杆石的作用。

（2）文昌阁

文昌阁位于月岭村北部。据碑记"先人才建阁之意，为补前人未举之事"，文昌阁建于清康熙六十一年（1722），为族人唐伯玉献砖瓦、地基，唐维时捐费用所修建。因修建粗糙简陋，未足以壮观，嘉庆六年（1801），因年久失修，垣颓木朽，为补前人不足，造福于后人，同年下瓦拆楼，清理地基，在旧址上重建一阁，告成后，窗棂作彩，栋宇增辉，登临楼阁看左右山峰，历历在目。此阁为砖木结构，二、三层为拱圆形窗，盖小青瓦，为重檐歇山式，坐北朝南。通高13米，面宽7.12米，进深5.22米，圆拱门，高2.2米，宽1.1米，斗式屋架，四根圆木立柱，分两节，直达层顶。阁内原有石碑数块，现仅存两块，1982年经上级拨款维修过一次，1981年被评为广西壮族自治区重点文物保护单位。

（3）步月亭

步月亭位于村北侧，重建于清乾隆四十六年（1781）。盖小青瓦，歇山顶，坐北朝南，四根石柱承挑整个屋架，无墙敞开式石木结构。亭内有长条青石供人小憩，四边檐口长5.25米，通高5.5米，一根石柱刻有重建凉亭记事，其他三柱刻列村民捐款名单。亭北竖有碑刻六块，亭西是文昌阁，再500米是步月亭，南200米是"孝义可风"贞孝牌坊。1981年被列为广西壮族自治区文物保护单位。

村中的古井螺旋、上井石泉、双发井等景观，及所有的古建筑，集民间匠人精湛工艺和智慧于一体，有着深厚的文化底蕴。

3. 特色文化

月岭村人有爱演桂剧、喜看桂剧的传统，相传这里是国家级非物

图 5-13
古井螺旋

质文化遗产桂剧的发源地。桂剧是广西主要的地方剧种,流行于广西桂林市、柳州市、贺州市、河池市一带及梧州市部分官话地区,还波及湖南南部地区与广东西北隅。桂剧历史比较悠久,大约发端于明代中叶,《李逵夺鱼》《排风演棍》《打金枝》《断桥会》《穆桂英》等都是代表性剧目。目前桂剧已陷入濒危境地,传统流失,人才断档,代表性传承人仅罗桂霞、秦彩霞、张树萍、周小兰魁等几位。

二、桂南典型传统村落

广西北海市海城区涠洲镇盛塘村

1. 村落概况

盛塘村位于广西北海市涠洲镇,涠洲岛是中国最大的火山岛,有中国第二美丽的海岛之称。盛塘村位于涠洲岛东部，临东海岸，是岛中规模最大的行政村。不同于岛上其他村子的海蚀景观、海滩景观、火山景观、气象景观和生物景观等自然资源，盛塘村主要特色体现在人文景观上，承载着涠洲的人文历史。

盛塘村原名圣堂村，源于村中的西洋教堂。1853年，法国神父与涠洲客家人选址在村东修建天主教堂，信徒围绕教堂定居，因为一个共同的信仰，各姓氏居民混居在教堂南侧。民国时期，人口增加和家族势力增长导致村落空间分化，逐渐形成以黄、江、戴、邓姓四大家族分区居住的模式。有钱人家建造私人大宅院，而普通民居则围绕大宅，形成姓氏村落。1949年后，村落大规模扩张，将地主村落和零碎的普通居民村落相联系。原村落主体用地接近饱和，村落向西、北发展。而土改后大地主走向没落，古村居住空间均质化。教堂前的村公所成为公共活动中心，有电影院、生产队办公室等公共设施。改革后，新建和改造民居居多，建筑排列整齐，村边界向西延伸，建起了小学等设施，教堂周边可以销售特产和旅游纪念品。

2. 传统建筑

村中的天主教堂建于1853年，历时十年，1863年竣工，曾是盛塘小学的所在地，是全国重点文物保护单位。教堂是一座青灰石砖的塔楼建筑，四角有尖塔突出，由圣堂、男修院、女修院和神父楼等组成。教堂是典型的法国文艺复兴时期的哥特式建筑，檐口部分采用海化石、火山岩进行本土化改造，正门顶端高耸着罗马式尖塔。与主体教堂立面的尖耸不同，神父楼更倾向古典主义风格，柱式、细节、门窗显得格外朴实。男修院全长37米，分两层，三面骑楼，圆柱扛托，珊瑚石灰混凝土砌墙，由圆柱支撑，为拱圆形罗马式建筑。珊瑚石民居，以珊瑚石或海化石做原材料，岛上夏季多台风天气，因此窗规格较小。外描厚边，且都是木质框架，檐口挑出多。布局为三开间，中间门厅，正对天主神台，两侧为居室；门厅设楼梯上二层，二层平台堆放杂物，两侧为居室或闲置做储物间。部分民居由于人口情况，依据使用量，出现不对称开间的形式。

3. 公共空间

盛塘村的主要道路是东西向由村外通达教堂和南北向由教堂通往邻村的两条交通轴线，也是整个村落的横纵骨架。广场是街巷节点的放大，有的是村民的私家庭院，有的作为人流集散的场所。作为私家庭院性质的广场，常会建立构筑物强化领域感，或砌墙，或栽植波罗蜜树、荔枝树、龙眼树、黄皮树、柚子树等经济树种。村中最大的广场是教堂前广场，不仅给观赏教堂提供合适的视距，同时也是多条道路和村公所入口的集散场所。广场上曾有三棵巨型大榕树，后因养护不当被移除，人们之后又栽上了新的榕树为游人庇荫。拱门是村中唯一在道路上建设的构筑，在圣母升天节，是人们必经之地。拱门高3.5米，宽3米，由三重拱形单元构成。拱门两侧是黄姓住宅，户主曾是大地主，住宅曾作当铺，开门开窗的方式与传统风格不同，采用欧式圈拱形在山墙面开启。事实上，拱门是黄姓住宅的过街楼，用这样的形式把道路纳入自己院落的控制范围。

4. 特色文化

天主教文化中的诸多表征性的仪式渗透到教徒的日常生活当中，持续至今。每晚的七点半，教徒都会相约到教堂祷告；每年11月1日，外地工作的教徒都会回乡为先人祈祷，这是盛塘村天主教徒的"清明节"。天主教的四大节日分别是圣诞节、圣母升天节、圣神降临节和复活节，教徒会在这几大节日举办庆典。最为隆重的是8月15日的圣母升天节，届时，教徒身着仪式服装，手拿天主教的法器，抬教堂的圣母雕像出行，绕村子一周。途经村里主要街巷和传统的民居，人们诚心膜拜圣母，祈求安康。

"靠山吃山，靠海吃海"，当地居民对大海有厚重的感情，海洋文化见证了村民的生活生产，大多数居民从事与海洋业相关的产业，这是盛塘传统生态的基础。旅游开发后，特色海鲜产品、海上冲浪、沙滩摩托等体验具有诱人的吸引力。由于鱼汛期、禁渔期和季节性台风，以及涠洲岛在军事位置上的特殊性，盛塘村有着和大陆村落不一样的日常生活。春节期间，岛民自制米散糖，原料为糯米、花生和白糖，味道跟米花相似。

盛塘村文化景观保存较完整。盛塘村早在2013年就对风貌进行整治，珊瑚石民居有翻新过，主要通过外立面粉饰的方式。文保单位天主教堂，是晚清四大教堂之一，涠洲岛景区北部的核心景点，人流量大。教堂保持宗教祷告等活动，大量新婚夫妇到此处进行有偿婚纱照拍摄，而教堂附属建筑男女修院都已废弃。村内沿街道路建筑商业化，新建或改建，珊瑚石风貌民居不存。旅游开发带来人潮，大部分居民抓住商机做买卖，包括餐饮、住宿和售卖小商品等几种形式。此外，一批外来年轻人来岛上经营店铺，在保持建筑原味的基础上将珊瑚石民居改建成青年旅舍，如偏安一隅、七月青旅等，为村内营造时尚的氛围。天主文化活跃，文化的表达略本土化，如圣母升天节活动部分流程类似中国式祭祀，融合成中西合并的特殊的天主文化，这与滴水村三婆庙为代表的妈祖信仰共同构成了涠洲岛的宗教文化。圣母升天节是岛上最大的节庆，由于街道侵占及村落扩张，每年的巡街仪式开展并不顺畅。

三、桂西典型传统村落

广西百色市平果市果阳社区

1. 村落概况

果阳社区又名果化村，位于百色市平果市的西南部，地处广西中部，毗邻右江中游，距平果市中心约 23 千米。果阳社区属于平地建村的典范，村落所在区域地势平坦，东临右江水，隔江面对丘陵地带，后倚东孟山系。整体山水格局简洁明了，符合中国传统村落选址上山脚水畔的原则。

2. 传统建筑

（1）关岳庙

关岳庙，建于 1795 年，原为二进四合院建筑，前堂是戏台，后堂是庙堂，左右是厢房。现存后座平房一排，面阔三间，进深三间，左右各有厢房一间，砖瓦构造，抬梁式结构，硬山顶，马蹄屋檐。占地面积达 198 平方米，于 1986 年被平果县（现为平果市）列为重点保护文物。关岳庙坐南向北，始建于清乾隆末年（1795），同治九年（1870）重修。该庙是当时过往商家和当地群众为了纪念关羽、岳飞两位英雄而集资兴建。

（2）民居

民居开间小，纵深长，从街道到主宅内部呈现规律性空间排布,依次为骑楼、建筑主体、庭院、厨房、厕所、牲畜间。个别民居保存良好,依稀可见历史印刻的痕迹。如建于清末的西街1号住宅,距今有100多年历史,现存前部主体建筑两层,"文革"时期曾用作果化大队办公处和果化医院。正街73号保存也相对完整。正屋大体结构保存完整,房屋结实牢固,墙面无抹灰,内部无装饰,横梁木柱做了装饰,二层因长期无人使用已积满灰尘。街道立面整体风格保存完整,仍然可以看到墙上的壁画,有虫鱼鸟兽、花草树木等纹理,线脚抹灰均清晰可见。

3. 公共空间

村落建筑主要分布在正街、新兴街和多宝街两侧,其中文物保护单位关岳庙位于正街核心地带。果阳社区整体布局呈现商业街道模式,并垂直于正街纵向发展,反映村落形态演变。整体设计规划有规律,布局完整,新、老街道互为依倚,交相辉映。建筑大多沿街布置,且构建于不同历史时期。建设最为古老的当属正街。正街年代悠久,历史风貌保存良好,建筑极具传统桂西建筑特色,到民国时期,垂直于正街的新兴街得到迅速发展。新兴街现都为居住用途,整齐一致的骑楼建筑为民国时期所建,反映一度兴盛的商贸文化。

果阳社区东北侧正街的尽头是沿右江区域,此处有一条半边街,两侧分别是民居和水岸。民居尺度宜人,也有高低有致的趣味空间。道路与右江相接的区域形成码头。遗留的三处码头曾经是商贸货运的重要场所,现保存良好,渡客可沿台阶下至江边乘船。除右江外,果阳社区水环境还包括村内的溪流、水渠、泉眼等。水系蜿蜒,最后汇入右江,构成果阳社区的水系统。

4. 特色文化

果阳属于著名的右江革命根据地区域。这里曾经有工农红军第七军大败滇军，滇军大败从码头逃跑，这里也有群众自发组织反抗贪官污吏的统治，土地革命时期，邓小平更是多次到果化视察并布置根据地的工作任务。

当地居民将右江比喻成金项链，优越的水上交通为晚清时期正街的商贸兴盛奠定了基础。民国时期成立的果化商会，为解决日益频繁的进出口货物装卸问题，众筹建设了正街码头，在果化停泊的帆船多达十艘。商会为果化带来了经济的增长，此后还设有电报、邮政所等机构。民国二十六年（1937），县长郑天佩指示将正街房屋改建为骑楼式，以避免日晒雨淋，而新兴街也在此时诞生，成为正街的商业分流区域。

总的来说，果阳社区文化景观保存情况一般。村民对关岳庙的认同度较高，民居则普遍荒废，疏于管理。村中常住人口不足，旦逢大节庆活动，人流会集聚在某些特定区域，造成拥堵，传统村落的保护有待加强。

四、桂东典型传统村落

广西贺州市富川瑶族自治县秀水村

1. 村落概况

秀水村位于广西贺州市富川瑶族自治县朝东镇西北，在三条河流交汇处建村立寨，与湖南江永县桃川镇相邻，距离县城 30 千米，村域面积11.39平方千米，由水楼、安福、八房、石余四个村组成。唐开元十三年（725），浙江人毛衷在贺州做刺史时，一次外出视察，他无意中发现了秀水村这片风水宝地，见其山川之秀，曰此地后世当有豪者出，当下即有落户之意。果不其然，毛衷后携子来此居住，从此开宗散枝，子孙繁衍，日渐兴盛。南宋开禧元年（1205），秀水村村民毛自知考取状元。南宋嘉定十四年（1221），会稽太守毛基在秀水河东边的灵山脚下修建"江东书院"。

在秀水村，不仅可以看到岭南秀美的山水风光，还有毛氏宗祠、状元楼、进士门楼、古戏台、石板街巷等历经千年风雨的古建筑和明清风格的传统村落，更有延绵千载不衰的文脉风水。秀水古村毛氏家族一门出1状元26进士的显赫功名，在中国科举史上实属罕见。秀水村保留着上至皇帝下到知县赐封、贺赠的匾额，匾款花式各异、琳琅满目，堪称一个天然的中国文教史博物馆。因此，秀水村既是广西闻名遐迩的旅游胜地，也是富川瑶乡盛名独具的状元村。2012年，秀水村入选第一批中国传统村落名录。

秀水村在选址方面按照中国古代风水学理论"择吉而居""天人合一"的基本思路，选在三条河流交汇处建村立寨，以山河为屏障。秀水村以秀水河为界划分为两大板块。秀水河西侧以秀峰为中心呈辐射状向外发展。

整个秀水村的村落格局主要由一村（自然村）、一台（戏台）、一山（后山）、一水（前水）、一坪（观戏坪）等组成。即每一个自然村落必然是面对河流（水体），背靠青山，建有一个戏台及观戏坪，这也是富川古人开村立寨的定式。

秀水村由石余、八房、安福、水楼等四个村组成，它们是同一宗族的不同房系，每个村都有自己的祠堂、戏台和门楼。八房的祠堂为宗族祠堂（总祠），其他三村的祠堂是房系祠堂（支祠），它们以八房为中心而建。这些由祠堂、戏台组成的节点区域相对独立，有自己的影响范围，相对独立又相互联结。

2. 传统建筑

秀水村中有大量留存完好的明清古村民居、宗祠、祖庙、古戏台，尤其是以状元为主线的人文景观，包括上至皇帝、下到知县赐封、贺赠的匾额，以及历代石鼓、石凳、古建门楼、河卵石镶嵌的花街等文物古迹。

（1）毛氏宗祠

秀水的毛氏宗祠共有四座，其中以八房村的宗祠最大，以安福村的宗祠特色最为突出。八房村的宗祠为一个围合的院落，宗祠内四周有反映氏族生活故事的壁画。正面是陈列的古牌位（神龛），

图 5-1
毛氏宗祠

它是依氏族先后、宗亲先后、年代先后、职位大小而摆设的，从排列出来的次序可以看出毛氏大家族的各房分支和子孙的世代。

（2）古戏台

秀水村现存三座古戏台，分别为坦川戏台、八房戏台和水楼戏台，每个戏台的作用和功能各不相同。其中坦川戏台特意离村而建。八房戏台高耸壮阔，做工精致：红幛彩门，赤柱丹檐，画屏镂扉。台顶的瓦脊上，有绚美的云花，伶俐的秀格，如跃的鳌鱼，欲飞的龙影，映射出吉祥气氛。

（3）状元楼

状元楼，坐落于秀峰山下，建于清代，靠山面水；青砖黛瓦、飞檐翘角，具有江南楼宇和寺庙的风格。大门上方挂着三块金字牌匾，居中是一块"状元及第"，"文魁"匾分挂两旁。

3. 特色文化

闻名遐迩的朝东秀水"状元村"，既是贺州市绝无仅有的状元府第所在，也是富川瑶乡风格独具的唐宋古寨，它如同一颗璀璨夺目的明珠闪耀南疆，成为广西名传海内外的37个著名旅游风景区之一。这里古树参天，翠竹成荫，山清水秀，风景如画，有"三江涌浪""灵山石室""眠兔藏烟""坦水澄清""青龙卷雾""鳌岫仙岩""飞鹰振羽"和"化鲤排云"等八大景观，秀水村因此享有"富川小桂林"的美誉。

中国传统村落
文化抢救与研究

文化区系列

Chinese Traditional Villages

第六章

西南传统村落的保护与活化

俗语讲"物以稀为贵"。西南传统村落的独特性在于承载了丰富多彩的少数民族文化，是汉民族主体之外中国大部分少数民族繁衍生息的家园。在现代化浪潮冲击下，不仅要保护村落本体，更应注重对少数民族文化多样性的保护与传承。同时，应对典型、积极的文化特色予以展示，让更多人了解西南传统村落，增进对文化多样性保护的意愿与行动。令人欣喜的是，当下，不论是研究界还是实践领域，对西南传统村落的保护与利用越发重视，研究热潮有增无减，不断进行着有益的探索与创新。

第一节
贵州传统村落的保护与活化

一、保护现状

据近几年的统计数据显示，贵州传统村落"空心化"严重，青壮年劳动力外出务工人员数量庞大，因此，对数量巨大的传统村落进行保护与发展引导是相对困难的，且实际中，传统村落保护与发展本身也存在着矛盾与冲突。为了打造文化旅游形象，推动传统村落旅游业发展，很多传统村落已成为贵州省的旅游名片，如西江千户苗寨、黎平肇兴侗寨等。同时，村落本身在取得经济效益的同时，会存在一些对生态环境、资源与民族文化原生保护不利的行为。如为了旅游商业需要，部分村民随意搭建用房；有些开发企业修建与传统村落文化氛围格格不入的大型建筑设施如酒店等；忽视传统村落主体村民的参与，忽视旅游者与村民的互动，忽视村民日常生活的场景等。相当一部分年代久远，散落在相对偏僻、贫困落后地区的传统村落价值得不到认识与保护。2015年贵州省出台了《贵州省人民政府关于加强传统村落保护发展的指导意见》，2017年贵州省通过了《贵州省传统村落保护和发展条例》，这两项规定为贵州传统村落发展指明了方向。

黔东南是贵州传统村落保护的重点区域，在古代，黔东南传统村落的分布受水路影响深刻，移民文化传播通道主要是沿着水系延展。黔东南南部的都柳江是岭南文化的主要传播通道，形成侗族传统村落分布区；北部清水江和舞阳河是汉文化的主要传播通道，清水江中西部为苗疆腹地，汉文化影响有限，形成苗族传统村落核心分布区，东部北侗地区受汉文化影响较大，传统村落分布密度小；最北部舞阳河与文化通道——苗疆走廊重合，汉文化基本取代了原有文化。近年来现代化陆路交通网络的建成，为黔东南传统村落的保护与发展带来契机。贵州县县通高速、村村通硬化路及融入国家高铁网，提升了贵州各区域的交通可达性，为城乡发展带来巨大转变。目前来看，黔东南传统村落分布受现代交通道路影响不大，反而是历史上各因素作用的结果。贵州在进行现代交通建设时，尽可能避开了传统村落密集分布区。虽然目前黔东南城镇化进入了快速发展期，但政府还是十分重视传统村落保护与发展，发达的交通网络为其保护与发展带来了丰富的外部资源。

二、活化模式初探

（一）少数民族村寨的旅游活化：西江千户苗寨

西江千户苗寨地处黔东南苗族侗族自治州雷山县境内，距县城约 20 千米。西江千户苗寨自然生态环境优美，是中国苗族历史上五次大迁徙的主要聚集地，是中国乃至世界上最大的苗寨。源于特殊的地理环境和受雷公山区域文化的影响，西江苗族的建筑、农耕、服饰、歌舞、工艺、习俗等传统文化仍世代相传，保存相对完好。西江不仅是中国历史名镇和最具有民族特色的中国景观村落，还有包括苗年、鼓藏节在内的多项非物质文化遗产。自 2008 年正式进行旅游开发以来，其经济、社会、文化等各方面发展成效显著。目前，西江千户苗寨已经成为中国民族地区著名民族文化旅游目的地和知名品牌。通过旅游开发，西江千户苗寨从一个地理位置偏僻、经济落后、默默无闻的西部落后民族村寨发展成为国内产业兴、旅游旺、经济强、生态美、百姓富的重镇。

在旅游活化具体策略中，其旅游开发采用公司化运营和景区式管理，建设了旅游服务区，区内设有售票处、检票口、停车场、迎宾道、岗位亭等。旅游公司安排有大客车和多辆小型敞篷车运送游客穿梭于村寨之间。为了既保持苗族特色又让游客享受到现代住宿服务，西江苗寨的村民把传统吊脚楼改成农家乐接待房。外观上保持传统风格，内部结构按照宾馆模式进行改造，设有空调、电脑、淋浴和卫生设备等。整个苗寨村落变成了游客观赏消费的景观空间，村落中仍保留了鼓场、家户桥等一些在传统祭祀仪式中具有神圣意义的地点。目前西江千户苗寨官方网站还推出 VR 虚拟浏览功能，

图6-1　西江千户苗寨官方网站的VR在线虚拟浏览界面
（图片来源：西江千户苗寨官方网站）

可以足不出户领略苗寨风光。

（二）屯堡文化活化：鲍家屯

鲍家屯隶属于贵州安顺市西秀区大西桥镇，位于安顺与贵阳之间，东距贵阳约70千米，西距安顺约22千米，贵昆铁路、滇黔公路穿境而过，交通便利。明洪武年间，该村住有土著居民，鲍姓祖先征南后遗留此地，更名为杨柳湾。因无战事，国泰民安，遂改名"永安屯"。在此期间，鲍、汪、吕、许、江五姓共住此村，由于鲍姓人口猛增，吕、许、江三姓外迁，由鲍姓主宰村事，遂定名为鲍家屯。

鲍家屯距今已有约640年历史，是黔中一带较早建立的屯堡村落之一。全村鲍姓人口约占总人口数的84%，江、汪、吕、许等其余12姓人口约占总人口数的16%。

鲍家屯具有丰富多彩的物质形态及非物质形态的传统文化资源。除明朝妇女服饰活化石、明朝江南建筑缩影、具有军旅特色的饮食、卷舌音、儿化音及言旨话特点突出的古语言等屯堡文化标志外，鲍家屯还独有其不同于其他屯堡村寨的特色文化：如择地选址体现风水学说，村落布局凸显军事功能，古水利工程堪称"黔中小都江堰"，丝头系腰手工艺家喻户晓，声名赫赫的鲍家拳等。鲍家屯2010年入选第五批中国历史文化名村，2012年入选第一批中国传统村落。鲍家屯古水利工程于2011年被授予"亚太遗产保护卓越奖"，2012年获中国国家灌溉排水委员会"水利遗产保护奖"。

新农村建设是鲍家屯物质形态和非物质形态的传统文化得到保护和重视的契机。2013年6月，鲍家屯作为安顺市政府"四在农家·美丽乡村"帮扶点之一，贵州省水利、旅游、农业、林业、城建、文化等相关部门对鲍家屯古村落建设投入大量资金。2014年成立鲍家屯"古村落保护与利用指挥部"，陆续更换管道、清理河道、修葺河堤、三线下埋；对老建筑修旧复旧，给新建筑"穿衣戴帽"；进行铺设具有浓郁屯堡传统特色的石板街道、安装太阳能路灯、修建石桥、修复卓越碑亭、成立鲍家屯陈列室等项目，总投资约3200万元，2015年仍有垮塌老屋修缮、古碉堡维护等项目。

旅游学、民族学、社会学、建筑学、历史学等各领域学者对鲍家屯古村落保护工作建言献策，每年有不少国内外专家学者慕名到鲍家屯调查研究学习，成果越来越多。以鲍世行、鲍中行为代表的相关学者整合各领域优质资源支持鲍家屯发展，在申报各种保护项目名录及实际保护与建设工作中给予了专业指导与帮助。

村里德高望重的老年人组成"老协会",代表族权力量,平日协管村中事务,逢年节及村中盛大活动期间负责筹划和安排,"老协会"成员为族中德高望重者,处理各种事务基本以家族规定为准则,具有相当高的权威。年轻村干部是鲍家屯建设中的生力军,在鲍家屯古村落建设过程中起到举足轻重的作用。

2014年初至今,鲍家屯在国家、省、市、区、镇各级政府的支持下进行了十几项建设整改工程,在此过程中,村委传达各级政府部门政策,迎接考察,与工程队对接工作,"老协会"成员则协助调解建设过程中与各家各户产生的矛盾,并动员村民关注和支持本村的建设与保护事宜。居住在鲍家屯的村民是传统文化保护与传承的主体,农商结合奠定了良好的经济基础,使得村人重视教育,许多当地文化人对本村文化具有强烈的保护意识并积极践行。在鲍家屯的"活态"传承下、整体保护中,村民都表现出了很高的文化自觉性。

图6-2
鲍家屯的传统水利设施
(图片来源:古建中国)

（三）旅游开发的"工分制"：雷山上郎德村

上郎德村位于贵州省黔东南苗族侗族自治州雷山县西北部，距省会贵阳约 221 千米。1986 年被国家文物局列为全国第一座露天苗族风情博物馆，1997 年被文化部授予"中国民间艺术之乡"称号，2001 年被国务院列为全国重点文物保护单位。作为贵州省较早的民族旅游开发村落，上郎德村苗族文化十分浓厚，是贵州省"巴拉河乡村旅游示范项目区"规划的旅游村落之一。自 20 世纪 80 年代开始旅游接待以来，旅游业发展迅速。

"工分制"是我国人民公社化时期的一种生产与分配制度，是过去农村集体社员参加集体劳动获得劳动报酬的一种形式。后来，由于家庭联产承包责任制出现，工分制随之被废除。但自 1986 年旅游开发以来，上郎德村村委及其村民在旅游接待中，将"工分制"与旅游开发巧妙结合起来，经过 20 多年的完善与努力，开创出了一套完整的"工分制"旅游开发制度，其主要特征如下：

1. 凭分记酬，按劳分配

村委规定，在旅游接待的表演总收入中，村委提留 30%，用于寨上修桥补路，维护寨容寨貌以及与旅游有关的开支。其余 70% 对村民按劳分配，凭工分计酬。每场旅游接待以家庭为单位，按家庭实际出工人数，记工分一次，多来多得，少来少得，不来不得，每月结账一次。旅游收入和分配情况定期公布，受村民监督。

2. 不同分工，工分不同

村民参加接待按角色和着装不同而工分不同。

3. 男女老少，人人有份

在确保人人平等参与旅游接待的基础上，向普通群众、妇女、老人、小孩等弱势群体倾斜。例如参与旅游管理的旅游接待小组成员每人每场只能拿18分，而群众演员每人每场最高可拿20分；作为演员的妇女如果能全程参与接待表演，其工分数要高于全程参与表演的男性；70岁以上老人每场都有6分。

4. 工分票分阶段发放制度

为保证群众能按时和自始至终参与旅游接待，村里实行严格的工分票分阶段发放制度，根据不同参与人员制作不同分值的工分票，以穿戴是否整齐和是否按时到岗到位为标准分阶段发放，由有关人员负责各组（如老年组、妇女组、表演组、学生组等）工分票的发放和回收登记。

5. 表演登记，月底分红

每场表演散场后登记工分，月底分红。每场表演结束后，由各组发票人员负责收缴登记，再到村会计处汇总。村会计必须对每场接待中每户居民所得工分做登记，每月结算一次进行分红。会计需算出各户月总工分，再算出当月全村总工分和当月可分配金额总数，然后以当月总收入确定当月每个工分值多少钱，最后算出每户村民应分得的金额数。

由于"工分制"旅游制度的普遍性与平等性，上郎德村村民参与的积极性非常高，游客越来越多，村民收入逐年增长。可以肯定，由于"工分制"旅游制度的施行，上郎德村的村民人人都能受益，每位村民更能自觉参与到村落文化保护中。为了进一步加强村落文化保护，经全体村民讨论，2001年村里制定了《上郎德村村规民约》，就文化保护规定了相应措施。以"工分制"为基础发展起来的集体主导型民族村落旅游让村民在经济上获益匪浅，为中国传统村落的保护与开发提供了鲜活的案例。[①]

（四）激活公共空间：大利侗寨鼓楼

大利村位于贵州省黔东南苗族侗族自治州榕江县栽麻乡中部，地处湘黔桂侗族边地"南侗"一隅，属湘西南、黔东南、桂北苗族侗族少数民族村寨密集区。村内85%的村民是侗族，是一个典型具有农耕特色的侗族文化村落。大利村与南部紧邻的宰荡村共同构成了侗族大歌旅游风景区，被誉为贵州"魅力侗寨"。大利村历史文化遗产资源主要包括鼓楼、萨坛、花桥群、粮仓群、侗族干栏民居、古井群、古道、古墓、古树等，以及侗族特色的非物质文化遗产。大利村是黔东南诸多苗族侗族村寨中的代表，是侗族文化基因宝库，村寨文化的保护是其社会经济发展中的重要任务。[②]

鼓楼是侗族村寨中心的象征，集合议事、信仰活动的重要场所。对于侗寨来说，鼓楼和花桥无疑是最具纪念性和实用性的地标建筑。鼓楼作为村落公共空间，其重要性无可比拟。鼓楼既是订立寨规、仲裁议事、处理公共事务的中心，各种节日庆典活动的起点与终点，也是村民休闲娱乐活动的中心。高耸伟岸的鼓楼矗立于村寨中心，村寨的生产生活在其庇护之下形成、发展，这

---

① 李天翼，孙美璆."工分制"民族村寨旅游开发模式成因的文化生态学探析：以贵州省雷山县上郎德村为个案[J].黑龙江民族丛刊，2010（6）58-62.
② 李志新.黔东南古寨：大利村[J].小城镇建设，2016（8）：10-11.

是许多人心目中的理想侗族村寨形象。但事实上，被视为最具代表性的侗族文化符号的鼓楼并非理所当然地存在于所有的侗寨；有些侗寨可能历史上就没有存在过鼓楼，有些则是在被毁坏后基于各种理由不再修建。

大利侗寨鼓楼位于中部高地，为平面六边形、九檐楼身。该鼓楼建于2003年，在大利村村民记忆中，没有人亲眼看见过"老"鼓楼，有关老鼓楼的年代、位置、样式等细节都说不清楚。尽管如此，村民对这个基于父辈传说的老鼓楼的存在深信不疑。2003年，大利村村民集资修建了现在的"新"鼓楼，所选的位置是由年纪最大、被村民认为最有学识的寨老所认定的"原址"。鼓楼的修建由村民自发集资，完成后县政府和外界进行了一定补助。村民坚信"新"鼓楼现址就是"老"鼓楼原址，这是大利村鼓楼文化的复兴，村民对于村里恢复了鼓楼感到非常骄傲。重建鼓楼，其实质是村民公共空间的激活，恢复了鼓楼处理公共事务和举行庆典的正式功能，这对村民而言非常重要。

（五）依托非遗的少数民族村寨：反排村

反排村位于贵州省黔东南苗族侗族自治州台江县县城东南26千米处，864县道穿寨而过，交通十分便利。村子四面环山，掩映在绿树翠竹之中，2013年被列入第二批中国传统村落名录。村里传统建筑以木质结构的二层吊脚楼为主，目前保存比较完整，其中一部分建在半山腰上，属纯苗族村寨。全寨人口主要为苗族。

木鼓舞（反排苗族木鼓舞）已于2006年被列入第一批国家级非物质文化遗产名录，它是一种世代相传的苗族祭祀性舞蹈，反映

图 6-3 反排村寨门

了苗族祖先不畏艰难险阻、披荆斩棘、长途迁徙、开辟疆土、围栏打猎、创造美好生活的壮举。反排木鼓舞是苗族舞蹈艺术中最出名的一种。中华人民共和国成立前，反排木鼓舞只在祭祖节、招龙节等苗族重大节庆、祭祀活动时跳；新中国成立后，它已经从苗岭深山跳到了全国，跳出了国门，闻名遐迩。1954 年反排木鼓舞进京，首次亮相在全国首届农民运动会上；1990 年参加北京亚运会艺术节表演，并

图 6-4　传统建筑

应邀进入中南海献艺；1992 年到荷兰、比利时参加民间艺术节表演；1998 年到澳大利亚、斯里兰卡、法国、西班牙表演……如今，反排木鼓舞队员每年有 100 余人活跃在全国各地演出，受到观众的热烈欢迎。

反排木鼓舞等国家级非物质文化遗产正在受到越来越多的重视，民生银行联合中国扶贫基金会已在反排村开展了近五年的持续帮扶脱贫，为村里建设了诸多公共空间、基础设施，反排村已经成为脱贫攻坚的示范村落。

第二节
云南传统村落的保护与活化

一、保护现状

云南传统村落基本呈现出以下三种状态。

（一）保存基本完好的村落

由于云南高原山地遍布，许多少数民族传统村落都建于深山，交通不便，因此受外界影响较小，村落风貌一般保存较为完整，村落中的生产空间和生活空间也都极具地方特色，村落新建建筑也都按照传统技艺建造建设，如维西同乐村、广南者兔村、贡山翁里村及沧源翁丁村等。

（二）新旧参半的村落

在云南省大力发展旅游的战略背景下，这一部分村落积极进行旅游开发，逐渐吸引了一定数量的游客前来参观，但是由于开发不当以及村民迫切希望改善自身生活条件，村落中逐渐涌现加盖、新建的现代建筑，村落传统的生产生活空间遭遇现代化改造，道路被拓宽，部分传统建筑岌岌可危，如元阳水卜龙村、澜沧芒景村和临沧芒洪村等。

（三）保存不佳的村落

此类传统村落数量较少，一般此类村落距离中心城市较近、交通便利或者具有一定的知名度，如昆明乐居村等。乐居村地理位置得天独厚，是靠近昆明城区的彝族、白族混居的少数民族传统村落，村落鲜明的民族特色与周边村落、环境形成强烈对比。由于乐居村引入旅游后将大部分原住居民迁出，全面进行旅游开发，村落自身特色逐渐被淡化，传统建筑缺乏日常维护，保存状况堪忧。[①]

大多数少数民族传统村落缺乏长远、科学的村落保护发展规划，村落发展方向与建设内容多由村委会决定，存在很大随意性。决策者可能错误定位村落发展目标，往往会造成盲目的大肆拆旧建新，以城市居住区为模板建设新村；在云南省大力推进旅游开发的战略背景下，许多传统村落也存在跟风盲目发展旅游，大量新建旅游设施，对传统民居进行商业化改造的情况。随着社会经济的发展，传统村落中的村民开始追求更好的物质生活条件，同时，村民也开始感觉到他们所追求的物质生活与传统物质空间及传统文化的矛盾，许多村落也因此面临着"空心化"的问题。"空心化"的主要原因是传统农业生产不足以支撑村民提升生活条件的需求，因此出现大量进城务工人口，这一部分人直接导致了"空心化"的产生。村落"空心化"又导致村中住宅和农田长期或者季节性闲置，土地利用率低下，人口结构发生重大改变，农业逐渐遭到废弃。在长期"空心化"状态下，村落整体环境和传统建筑得不到修葺和维护，迅速衰

---

① 王登辉.云南典型民族传统村落保护更新研究——以翁丁、翁里、乐居村为例[D].昆明：云南农业大学，2017.

败。云南传统村落的传统文化极其脆弱，随着村落与外界交流的加强，外界现代文化对传统文化产生了抵触，传统文化随之消失。因此，对云南传统村落的保护与传承也是亟待解决的重要文化难题。①

二、活化模式初探

（一）专家团队主导的社区参与：阿者科村

阿者科村位于云南省红河哈尼族彝族自治州元阳县新街镇，是元阳至今保留较好的村寨，建寨历史有 200 多年，具有最原始的传统建筑、民居风貌和民俗生活，是红河哈尼梯田文化景观世界遗产核心区的 5 个申遗重点传统村落之一，2014 年被列入第三批中国传统村落。

阿者科村总体风貌较好，相对于遗产区现状，其传统风貌保存较为完整。传统民居建筑基本为 1960 年前建造的传统蘑菇房，分为三层：底层牛栏，二层居住，三层储粮。目前普遍存在朽损、屋顶漏雨、居住品质低、采光通风差、底层室内低矮难利用等问题。

阿者科村的更新与保护主要从村落环境整治、传统民居修缮、村落旅游发展与社区组建这三个方面进行。目前已经完成了村落环境整治、基础设施提升、传统民居修缮等与当地村民切身利益相关的工作，组建由村委会领头、村民和入村企业参与的合作社，进行

---

① 张杰，李可立.中国城市化背景下村落"空心化"形成机制及调控研究[J].开发研究，2010（6）：101-104.

村落的环境治理与旅游收入分配，形成良性的发展道路，村民已经多次拿到旅游收益分红。

环境整治包括村落的基础设施、公共空间、文化空间和公共建筑。通过对基础设施进行整治，提升人居生活品质，修补文化空间（磨秋场、水井），修缮公共建筑（水碾房、祭祀房），找回村民对文化的认同感。

阿者科村民居的改造、修缮与保护经历了三个阶段。初始阶段是传统民居蘑菇房的保护，随着建造技术的进步与传统蘑菇房本身不再适应现代生活，越来越多的村民放弃蘑菇房的使用，要转变村民的思想，需要重塑村民对居住文化的认同感和乡土意识。第一阶段，选取村里一栋废弃的蘑菇房进行改造实验；第二阶段是村民自家民居的恢复重建，由于意外火灾的发生，村内三栋传统民居被烧毁，其中一栋损坏较为严重，需要恢复重建；第三阶段是大规模的民居修缮工程，村庄传统民居存在着不同程度的损坏。[①]

阿者科村整个更新活化模式属于典型的专家团队主导的传统村落社区营造。2015年，昆明理工大学朱良文教授团队先后编制了《元阳阿者科和牛倮普传统村落保护发展规划》和《元阳县阿者科村旅游规划》。在朱良文教授引介下，非政府组织"伴城伴乡"启动了"关注阿者科计划"和"红米计划"。2017年6月，阿者科的基础市政设施施工基本完成，2018年，中山大学保继刚教授团队进入，具体指导阿者科旅游产业发展，元阳县陌上乡村旅游开发有限责任公司成立并开始了旅游营运。通过专家团队发挥自身能动作用，

---

① 赵赛赛，程海帆.社区参与下的传统村落更新与保护实践研究——以元阳阿者科村为例[J].城市建筑，2020，17（2）：57-69.

保护阿者科历史文化构成要素，激发原住居民的文化自信和参与建设的主动性，形成多方交流合作的互动机制，丰富了传统村落保护和规划的方法与理论体系。①

（二）资源脆弱型传统村落保护发展模式：银杏村

传统村落资源的脆弱性研究早在20世纪中叶已具雏形。从脆弱性的视角出发，传统村落的核心资源可以概括为空间资源、生态资源、文化资源和社会资源。空间资源是指村落中人工建成环境中的建筑物和构筑物，包括建筑、街巷、水井、水渠、牌楼等；生态资源包括人工生态资源和自然生态资源，人工生态资源包括靠人工种植或维护的农田、果园和人工林，自然生态资源包括自然生态系统中的植被、矿产和水体等；文化资源既包括有形的物质文化，如传统工艺、民俗活动，还包括非物质文化，例如民风、民间传说等；社会资源包括当地人口、社会组织、社会关系等构成村落软环境的社会要素。基于传统村落脆弱性的保护发展原则，围绕脆弱性的核心内涵，一方面要减少内外干扰对传统村落资源要素的破坏，同时需要培养可持续的发展模式，增强传统村落应对干扰的能力。

银杏村属云南省腾冲市固东镇，距市中心35千米，面积约35.42平方千米。银杏村拥有丰富的腹地资源，既有险峻幽深的峡谷，历史丰富的古迹，还有一万余亩银杏树，其中集中连片的古银杏树有2000余亩，形成"村在林中，林在村中"的特色景观风貌，

---

① 易世樱，徐海妙，齐君.专家团队主导的元阳阿者科传统村落社区营造[J].西南林业大学学报（社会科学），2019，3（6）：29-37.

于 2013 年入选第二批中国传统村落名录。近年来，旅游业为银杏村带来了巨大的经济收入，但其发展也面临许多问题。首先，银杏村的传统空间有很强的脆弱性。其次，其生态资源脆弱性也在不断加剧，集中表现为银杏树的生态压力随着旅游开发的深入而不断增加。银杏树作为落叶乔木，生长缓慢，其树冠和根系覆盖面积有限，生长受林下土质情况影响较大。近年来，随着游客大量涌入，游客踩踏及机动车的碾压在不断地改变林下土质，对银杏树的健康生长造成了巨大威胁，加剧了银杏林整体的脆弱性。最后，银杏村的文化资源和社会资源在旅游业与外来文化的冲击下，脆弱性不断凸显。数百年来，银杏村由于地处偏远，较为封闭，保存了原生态的生活习俗，皮影制作和表演、绒绣制作及传统的宗教宗族文化也有自身的独特性。但近年来在外来文化和旅游业发展冲击下，村民逐渐改变传统的生活方式和社会组织方式，传统的社会格局在有机更新中不断解体。

基于以上问题，银杏村编制了基于脆弱性的保护发展规划。最首要的是按照保护优先、明确核心的原则，从大量资源中梳理出保护核心。强调在生态上和景观上对银杏树的保护，以银杏树为核心，以村落传统风貌（传统建筑和街巷）为主要内容进行保护，划定保护区。[①]

[①] 杨飞.基于资源脆弱性的传统村落保护发展探索——以云南腾冲市银杏村为例[J].规划师，2016，32（S2）：78-83.

第三节
广西传统村落的保护与活化

一、保护现状

广西的传统村落由于地理位置偏僻和外部环境相对封闭，商业开发程度较低，村落原始状况保存相对完好，但相当部分村落本身自然损毁较为严重。

从村落自身而言，村落格局基本完整但传统生活方式保留不多。大部分传统村落的巷道、村门、院落等历史环境要素保存相对完好，村落的原始形态、传统格局留存至今，但其传统生活方式保存不好。目前，在传统村落中生活的原住居民不到村落总人口的一半，涌现出不少闲置的空心村。如贺州市钟山县回龙镇龙道村，整个村落的房屋保存基本完好，传统格局也没有受到破坏，但基本闲置，居民很少，且留存的原住居民中，老人、妇女、儿童居多，难以开展正常的农业生产活动，传统生产生活方式难以为继，基础设施薄弱且自身发展能力不足。从统计数据来看，广西壮族自治区区级以上传统村落的基础设施条件与全区村庄平均水平还有较大差距，农民人均纯收入低。很多村落缺乏公共服务设施，公共财政投入不足。大部分传统村落又受基础条件的限制，产业基础薄弱，加上思想观念相对落后，长期从事传统农业生产，自身发展能力相对不足。

从外部保护来看，保护意识初步形成但建设管理难度较大。从地方政府到基层干部群众，基本上对传统村落的价值有了较为清醒的认识，形成了一定的保护意识。但在具体操作中，还存在诸多问题。从管理依据来看，对传统村落中建设行为的约束作用主要依据村庄保护发展规划。就广西现状来说，虽然相当一部分村落已经编制了保护发展规划，但审批公布实施的较少。从管理方式来说，各地普遍没有因为传统村落的特殊性而对村庄特别加强管理，在管理人员、管理制度、管理程序和管理投入上与普通村庄无异，从而导致其建设行为与普通村庄一样缺乏有效的管理。从群众意识来说，往往注重对村落中祠堂、庙宇等公共建筑和古树、街巷等历史环境要素进行保护，而对涉及自身利益的建设行为则自觉程度不高。保护发展工作基本启动但进展不快。按照国家的部署，广西开展了调查建档、保护发展规划编制、成立专家咨询机构、开展保护修缮等工作。但从成效来看，进展不快，效果不明显。从调查建档来说，调查还不完善；由于资金缺乏，大部分村落处于"等米下锅"的状况，未开展实质性保护修缮工作。[①]

二、活化模式初探

（一）民族生态博物馆的创新实践：怀里村

随着中国现代化进程不断推进，广西的文化遗产保护工作正面临着巨大冲击。对于蕴藏并根植于广大农村、民族山寨的传统文化如何进行保护，国外和贵州省生态博物馆的伟大实践和成功经验为

---

① 刘哲. 广西传统村落现状与保护发展的思考[J]. 广西城镇建设，2014（11）：14-19.

广西提供了一条切实可行的道路——建设民族生态博物馆，即选择"有一定的民族代表性、特性鲜明、现存自然与文化生态现状保护良好、有一定的历史沉淀和历史文化遗存的民族村寨"作为建设地点。自20世纪90年代开始，广西进行了民族生态博物馆的探索与实践，其发展历程大致可以分为酝酿准备（1998—2003）、试点建设（2003—2005）、全面实施（2005—2011）和巩固提升（2011年后）四个阶段。[①] 与第一代"贵州模式"的生态博物馆建设不同，第二代的"广西模式"由于广西民族博物馆这一传统博物馆的参与而更显专业化和博物馆化。[②] 因此，广西民族生态博物馆十余年的建设过程，也是进行传统民族村寨振兴、活化的实践过程。

为确保各民族生态博物馆能够在科学、有序和健康的轨道上运行，广西民族生态博物馆建设之初便确立了"政府引导，专家指导，居民参与"的指导原则，通过规划构建了科学合理、运行有效的运营和保障机制（包括制度、经费、技术、设备等保障机制），为广西民族生态博物馆振兴民族村寨提供了重要保障。十余年间，广西10个主要的民族生态博物馆在广西民族博物馆的专业指导下，通过持续开展文化遗产普查、文物保护、"文化记忆工程"、文化传承班、纪录片影展、民族文化示范户、民族文化展演、网络展示与宣传、村落居民的理论和技能培训、基础设施改善性建设、新建服务社区等工作，不断振兴与活化民族村寨，实现了推动所在社区发展的目标，有效地保护和传承了民族文化，提高了居民的文化保护意识，丰富了民族文化的保护模式，延伸了国家的文化惠民政策。同

[①] 龚世扬. 探索与实践：对广西民族生态博物馆"1+10工程"的回顾、评价和思考[J]. 广西民族研究，2016（1）：143-149.
[②] 苏东海. 中国生态博物馆的道路[J]. 中国博物馆，2005（3）：16-18.

时，也提高了当地的社会知名度，促进了文化生态旅游业和文化创意产业的发展，增加了居民的经济收入，吸引更多的外出务工人员返乡创业。社区居民通过参与生态博物馆建设，增强了民主管理、参与管理和自我管理的意识，改善了乡风，提升了社区自我发展能力，实现了社区可持续发展。[①] 下面以广西建设的第一座民族生态博物馆为例展示广西传统村落的活化之路。

南丹里湖白裤瑶生态博物馆位于广西南丹县里湖瑶族乡怀里村，于2004年11月26日正式建成并对外开放，是中国第一座瑶族生态博物馆。该馆的展示与信息资料中心设在蛮降屯，占地4000平方米，总建筑面积1049平方米，设有展示白裤瑶文化的基本陈列。该中心不仅是保护、存储、展示、了解和研究白裤瑶文化的重要场所，也成了社区居民进行文化展示、休闲娱乐、聚会的重要场地。为了丰富展示与信息资料中心的服务功能，2017年，南丹里湖白裤瑶生态博物馆还在该中心旁建设了陀螺场，每逢节庆活动，生态博物馆社区居民都会聚集在这里举行文艺表演以及打陀螺、斗鸡等比赛。在广西民族博物馆的指导下，南丹里湖白裤瑶生态博物馆采取一系列的措施，挖掘、整理、展示、保护和传承白裤瑶文化，不断探索在经济相对落后地区保护与传承民族文化，促进经济和社会协调发展的道路，取得了显著成效。

---

① 莫志东.广西民族生态博物馆1+10工程探索之路[J].中国文化遗产，2015（1）:32-39.

图6-5
南丹里湖白裤瑶
生态博物馆
（资料来源：广西民族博物馆）

（二）依托艺术文化资本的再生尝试：崇山村

耕读文化是传统村落文化中最多也是最重要的一个类型。清代，桂林人文发展兴盛，较为知名的桂林文化世家约15个，其中桂林市永福县罗锦镇崇山村李氏一门"画笔如林"，立足桂林画坛，位列文化大族。[①]

崇山村村民以壮族莫氏、汉族李氏为主，都是早期迁入桂林的客家人。两家族在崇山村呈现明显的家族聚居格局，李氏居于村落

---

① 曾冉波，吕立忠. 清代桂林文化世家之著述初探[J]. 广西地方志，2003（3）：43-49，54.

东北方，莫氏居于村落西南方。

崇山村于2013年入选第二批中国传统村落名录，目前村里保存了独特且较完整的清代古民居建筑群，拥有优美的田园风光和李氏"一门三进士，父子五登科"的深厚人文历史底蕴等优势资源。近年来，崇山村瞄准"以旅兴农保增收、以农促旅带脱贫"的农旅结合脱贫致富新模式，把拥有近400年历史的古民居群开发打造成旅游景区和独具魅力的田园综合体样板。[1]

崇山村在文旅活化村落的过程中需要深度挖掘自身文化资源，其所拥有的书画资源是特色化的和具有差异性的。对此，崇山区的活化可有以下途径：一是发展书画艺术，引入艺术群体，感染居民，提升居民自豪感；二是在村落内的文化活动要鼓励居民参与，促进居民与文人艺术家和其他群体的交流，开拓居民文化视野，激励其进行文化学习，提高自身文化素养；三是从旅游收益中抽取一定份额投入村落文化教育事业，培养优秀文化继承人；四是通过与艺术院校合作，为学生提供写生实践基地，组织游览，探寻书画灵感，现身说法，影响国内外的客人；五是举办书画比赛、展览、品鉴、讲评古典作品等活动，邀请艺术家、当地居民以及世界各地文艺工作者，引进国际知名艺术家的作品，尽可能取得作品展示权，将其放在村落民宅及其他空间中，成为村落人文景观的一部分，打造"没有围墙的自然美术馆"。最后也可以根据市场反馈改善村落主题文化体验，持续建设文化知识长廊、生态文化展览馆等，打造参与性、体验式的文化休闲模式。[2]

---

[1] 曾龙晖，王天息.永福崇山村：打造田园综合体"六变"愿景成现实[N].桂林晚报，2020-06-18.
[2] 向小容.桂林民间艺术文化资本化的传统村落空间再生研究[D].桂林：桂林理工大学，2019.

参考文献

REFERENCES

[1] 张勇. 历史时期西南区域民族地理观研究[M]. 北京：中国文史出版社，2014.
[2] 杨军昌. 西南民族人口文化研究[M]. 北京：中国社会科学出版社，2015.
[3] 金东来. 传统聚落外部空间美学[M]. 南京：江苏凤凰科学技术出版社，2017.
[4] 广西百色市政协文史和学习委员会. 百色古镇[M]. 桂林：广西人民出版社，2011.
[5] 王兴中，孙峰华，刘继生. 人文地理学概论[M]. 青岛：山东省地图出版社，1993.
[6] 王恩涌. 文化地理学[M]. 南京：江苏教育出版社，1995.
[7] 司马云杰. 文化社会学[M]. 北京：中国社会科学出版社，2001.
[8] 中国大百科全书出版社编辑部. 中国大百科全书：社会卷[M]. 北京：中国大百科全书出版社，2004.
[9] 宋蜀华. 中国民族学理论探索与实践[M]. 北京：中央民族出版社，1999.
[10] 王铭铭. 中国人类学评论：第5辑[M]. 北京：世界图书出版公司北京公司，2008.
[11] 高至喜. 楚文物图典[M]. 武汉：湖北教育出版社，2000.
[12] 石硕. 西藏文明东向发展史[M]. 成都：四川人民出版社，1991.
[13] 杨昌鸣. 东南亚与中国西南少数民族建筑文化探析[M]. 天津：天津大学出版社，2004.
[14] 佐佐木高明. 照叶树林文化之路：自不丹、云南至日本[M]. 刘愚山，译. 昆明：云南大学出版社，1998.
[15] 文物出版社编辑部. 文物与考古论集[M]. 北京：文物出版社，1986.
[16] 罗二虎. 秦汉时代的中国西南[M]. 成都：天地出版社，2000.
[17] 王毓铨. 明代的军屯[M]. 北京：中华书局，1965.
[18] 朱凤瀚. 商周家族形态研究[M]. 天津：天津古籍出版社，2004.
[19] 陈锋，张建民. 中国经济史纲要[M]. 北京：高等教育出版社，2007.
[20] 葛剑雄. 中国移民史：第6卷[M]. 福州：福建人民出版社，1997.
[21] 马京. 云南民族村寨调查：彝族——峨山双江镇高平村[M]. 昆明：云南大学出版社，2001.
[22] 郭东风. 彝族建筑文化探源：兼论建筑原型及营构深层观念[M]. 昆明：云南人民出版社，1996.
[23] 恩格斯. 家庭、私有制和国家的起源[M]. 张仲实，译. 北京：人民出版社，1954.
[24] 史继中. 西南民族社会形态与经济文化类型[M]. 昆明：云南教育出版社，1997.
[25] 刘正发. 凉山彝族家支文化传承的教育人类学研究[M]. 北京：中央民族大学出版社，2007.
[26] 费孝通. 乡土中国[M]. 北京：生活·新知·三联书店，1986.
[27] 林耀华，庄孔韶. 父系家族公社形态研究[M]. 西宁：青海人民出版社，1984.
[28] 摩尔根. 美洲土著的房屋和家庭生活[M]. 李培茱，译. 北京：中国社会科学出版社，1985.
[29] 汪宁生. 民族考古学论集[M]. 北京：文物出版社，1989.
[30] 廖国强，何明，袁国友. 中国少数民族生态文化研究[M]. 昆明：云南人民出版社，2005.
[31] 鸟越宪三郎. 始于云南的道路：探寻倭族之源[M]. 昆明：云南省民族研究所，1984.

[32] 徐新建. 西南研究论[M]. 昆明：云南教育出版社，1992.
[33] 安顺市地方志编委会. 安顺府志[M]. 贵阳：贵州人民出版社，2007.
[34] 李建军. 屯堡文化研究：2014卷[M]. 北京：社会科学文献出版社，2016.
[35] 李建军. 学术视野下的屯堡文化研究[M]. 贵阳：贵州科技出版社，2009.
[36] 李克忠. 形·声·色：哈尼族文化三度共构[M]. 昆明：云南民族出版社，2010.
[37] 蒋高宸. 建水古城的历史记忆：起源·功能·象征[M]. 北京：科学出版社，2002.
[38] 欧之德. 世界瑰宝：丽江四方街[M]. 北京：解放军文艺出版社，2000.
[39] 彭一刚. 传统村镇聚落景观分析[M]. 北京：中国建筑工业出版社，1994.
[40] 郭大烈，杨世光. 东巴文化论[M]. 昆明：云南人民出版社，1991.
[41] 蒋志伊，于信之. 贵州少数民族民间美术[M]. 贵阳：贵州人民出版社，1992.
[42] 龚维. 原始崇拜纲要：中华图腾文化与生殖文化[M]. 中国民间文艺出版社，1989.
[43] 王毅. 中国民间艺术论[M]. 太原：山西教育出版社，2000.
[44] 贵州省住房和城乡建设厅. 贵州传统村落[M]. 北京：中国建筑工业出版社，2016.
[45] 魏德明. 佤族文化史[M]. 昆明：云南民族出版社，2001.
[46] 张轲风. 历史时期"西南"区域观及其范围演变[J]. 云南师范大学学报（哲学社会科学版），2010（5）：37.
[47] 张晓琼. 碰撞与冲突：基督教在云南少数民族中传播特征探析[J]. 渝西学院学报，2002（3）：26.
[48] 王海宁. 传承与演化：贵州屯堡聚落研究[J]. 城市规划，2008（1）：89.
[49] 吴羽，余莉. 传统村落社区的内部博弈与文化传承：以"屯堡第一村寨"九溪村为例[J]. 贵州民族学院学报（哲学社会科学版），2007（2）：43-46.
[50] 王东，龙红. 黔东南传统村落类型及其空间分布影响因素研究[J]. 城市建筑，2019（16）17-21，30.
[51] 张茹，陆琦. 广西传统村落空间分布及影响因素量化解读[J]. 小城镇建设，2019，37（4）：72-79.
[52] 邹辉，尹绍亭. 哈尼族村寨的空间文化造势及其环境观[J]. 中南民族大学学报（人文社会科学版），2012，32（6）：55-58.
[53] 葛文君. 基于GIS的云南传统村落空间分布与特征研究[J]. 住宅与房地产，2020（12）：249-250.
[54] 李哲雯，唐雪琼. 云南省传统村落的空间分布及其影响因素[J]. 红河学院学报，2017，15（1）：59-62.
[55] 周素. 贵州传统民族建筑特色[J]. 现代交际，2020（1）：108-109.
[56] 孔宾. 走近土掌房[J]. 中国国家地理，2016（7）.
[57] 吴琼，聂子川，陈启泰. 元阳县哈尼族蘑菇房浅析[J]. 建筑与文化，2018（7）：236-237.
[58] 李庆俊，马建武. 箐口村哈尼族村落景观初探[J]. 山东林业科技，2008（4）：37-39.
[59] 石开忠. 侗族风雨桥成因的人类学探析[J]. 贵州民族学院学报（哲学社会科学版），2010（4）：37-40.
[60] 徐柏翠，潘竟虎. 中国国家级非物质文化遗产的空间分布特征及影响因素[J]. 经济地理，2018，38（5）：188-196.
[61] 石朝江. 苗族原始崇拜中的哲学社会思想萌芽[J]. 西南民族大学学报（人文社科版），2008（7）：48-53.
[62] 张锦华. 黔东南侗族民间鼓楼绘画元素的表现形式[J]. 大众文艺，2010（6）：199.
[63] 聂意人. 哈尼族村落空间解析——以滇南箐口村为例[J]. 居业，2017（6）：62-64.
[64] 郑景文，欧阳东. 传统村寨空间网络探析：以桂北少数民族村寨为例[J]. 新建筑，2005（4）：73-75.
[65] 周开保. 桂林传统村落保护发展的模式探讨[J]. 广西城镇建设，2014（11）：34-45.

[66] 赵冶，熊伟，谢小英．壮族传统民居的现代演变：以龙胜龙脊村为例[J]．华中建筑，2012（1）：152-158．
[67] 蒋礼荣．北海市旅游文化资源开发研究[J]．广西社会科学，2005（1）：85-87．
[68] 王路生．传统古村落的保护与利用探索：以广西贺州市秀水村为例[J]．规划师，2014（C2）：148-153．
[69] 赵曼丽．贵州传统村落空间活化的生态策略探析[J]．贵州民族研究，2017，38（12）：81-84．
[70] 李天翼，孙美璆．"工分制"民族村寨旅游开发模式成因的文化生态学探析：以贵州省雷山县上郎德村为个案[J]．黑龙江民族丛刊，2010（6）：58-62．
[71] 李志新．黔东南古寨：大利村[J]．小城镇建设，2016（8）：10-11．
[72] 张杰，李可立．中国城市化背景下村落"空心化"形成机制及调控研究[J]．开发研究，2010（6）：101-104．
[73] 易世樱，徐海妙，齐君．专家团队主导的元阳阿者科传统村落社区营造[J]．西南林业大学学报（社会科学），2019（6）：29-37．
[74] 赵赛赛，程海帆．社区参与下的传统村落更新与保护实践研究：以元阳阿者科村为例[J]．城市建筑，2020，17（2）：67-69．
[75] 杨飞．基于资源脆弱性的传统村落保护发展探索——以云南腾冲市银杏村为例[J]．规划师，2016，32（S2）：78-83．
[76] 刘哲．广西传统村落现状与保护发展的思考[J]．广西城镇建设，2014（11）：14-19．
[77] 龚世扬．探索与实践：对广西民族生态博物馆"1+10工程"的回顾、评价和思考[J]．广西民族研究，2016（1）：143-149．
[78] 苏东海．中国生态博物馆的道路[J]．中国博物馆，2005（3）：16-18．
[79] 莫志东．广西民族生态博物馆1+10工程探索之路[J]．中国文化遗产，2015（1）：32-39．
[80] 张勇．"西南"区域地理概念及范围的历史演变[J]．中国历史地理论丛，2012，27（4）：90-99．
[81] 何大明，彭华，吴绍洪，等．纵向岭谷区生态系统变化及西南跨境生态安全研究[J]．地球科学进展，2005，20（3）：338．
[82] 王文光，朱映占．中国西南民族史研究论纲[J]．西南边疆民族研究，2010（1）：24-49．
[83] 冯骥才．传统村落的困境与出路：兼谈传统村落是另一类文化遗产[J]．民间文化论坛，2013（1）：7-12．
[84] 高楠，邬超，白凯，等．中国传统村落空间分异及影响因素[J]．陕西师范大学学报（自然科学版），2020，48（4）：97-107．
[85] 张江峰，刘晓鹰，王莉．西南民族地区乡村聚落分布特征及城镇化水平测定[J]．中国农业资源与区划，2020（6）．
[86] 颜梅艳．云南传统村落空间分布及发展路径探究[J]．城市地理，2017，（20）：24-25．
[87] 余压芳，赵玉奇，曾增，等．西南地区传统村落文化空间的识别需求[J]．贵州民族研究，2020，41（6）：74-78．
[88] 赵永琪，田银生．贵州少数民族特色村寨的空间分布及影响因素[J]．小城镇建设，2019，37（8）：71-78．
[89] 吴家鹏．浅析西南地区少数民族分布多样化的形成原因[J]．中国民族文博（第5辑）：405-413．
[90] 曾冉波，吕立忠．清代桂林文化世家之著述初探[J]．广西地方志，2003（03）：43-49，54．
[91] 谭本玲．箐口村哈尼族蘑菇房变迁的文化研究[D]．昆明：云南大学，2009．
[92] 汪帆．贵州安顺屯堡文化区历史文化村镇发展研究[D]．西安：陕西师范大学，2016．
[93] 刘雅心．广西传统村落景观规划及保护策略研究[D]．南宁：广西大学，2018．
[94] 庞敏．贵州喀斯特地区传统村落空间肌理识别及其分异研究[D]．贵阳：贵州大学，2019．
[95] 潘洌．广西传统村落及建筑空间传承与更新研究[D]．重庆：重庆大学，2018．
[96] 杜佳．贵州喀斯特山区民族传统乡村聚落形态研究[D]．杭州：浙江大学，2017．
[97] 张晓宁．畲族传统民居建筑与居住文化研究[D]．杭州：浙江农林大学，2015．
[98] 袁宁．传统村落民居保护性改造新技术研究[D]．重庆：重庆大学，2018．

[99] 邹冰玉.贵州干栏建筑形制初探[D].北京：中央美术学院，2004.
[100] 李越.黔东南侗族传统村落的文化地域性格研究[D].广州：华南理工大学，2018.
[101] 祝梓棋.贵州安顺本寨屯堡聚落及其建筑类型研究[D].深圳：深圳大学，2019.
[102] 高洁.云南汉式合院民居构架类型及建造逻辑研究[D].昆明：昆明理工大学，2018.
[103] 张盼.红河哈尼梯田遗产区传统村落空间形态保护与发展研究[D].昆明：昆明理工大学，2017.
[104] 张雨蒙.滇西传统商贸聚落的四方街建筑空间形态研究[D].深圳：深圳大学，2018.
[105] 李建华.西南聚落形态的文化学诠释[D].重庆：重庆大学，2010.
[106] 邓璐.云南省红河县哈尼族传统村落空间特征分析[D].北京：北京建筑大学，2019.
[107] 秦迪.哈尼族聚落乡土建筑"再生"之路研究[D].昆明：昆明理工大学，2011.
[108] 罗君灵.洱源县凤羽村景观空间特征研究[D].昆明：西南林业大学，2019.
[109] 王笛.云南传统村落保护与开发研究——以昆明乐居村和大理诺邓村为例[D].昆明：云南大学，2016.
[110] 王登辉.云南典型民族传统村落保护更新研究——以翁丁、翁里、乐居村为例[D].昆明：云南农业大学，2017.
[111] 赵冶.广西壮族传统村落及民居研究[D].广州：华南理工大学，2012.
[112] 阳弋驰.广西传统村落文化景观调查与分析[D].南宁：广西大学，2017.
[113] 谭乐乐.基于文化地理学的桂林传统村落及民居研究[D].广州：华南理工大学，2016.
[114] 张亮.乡村旅游开发中的广西涠洲岛乡土建筑改造研究与实践[D].杭州：浙江大学，2015.
[115] 麦西.乡村振兴视域下的生态博物馆建设[D].南宁：广西民族大学，2019.
[116] 袁雨辰.基于"生态博物馆"理念的侗族传统村寨景观设计应用研究[D].北京：北京服装学院，2019.
[117] 熊伟.广西传统乡土建筑文化研究[D].广州：华南理工大学，2012.
[118] 陈龙.建筑师参与下的传统村落公共空间自发性建造体系研究[D].北京：中央美术学院，2017.
[119] 向小容.桂林民间艺术文化资本化的传统村落空间再生研究[D].桂林：桂林理工大学，2019.
[120] 白应华，林永.佤族"司岗里"神话传说的整理与研究综述[C]//那金华.中国佤族"司岗里"与传统文化学术研讨会论文集.昆明：云南人民出版社，2009.
[121] 宋恩常.基诺族社会组织调查[C]//中国人类学学会.人类学研究.北京：中国社会科学出版社．1984.
[122] 汤洛行，单晓刚，路雁冰.贵州传统村落保护与发展路径研究[A]//中国城市规划学会、贵阳市人民政府.新常态：传承与变革——2015中国城市规划年会论文集（14乡村规划）.中国城市规划学会、贵阳市人民政府，2015：11.
[123] 路金霞，陈欣."文化生态"视阈下的传统村落保护与发展研究[A]//中国城市规划学会、重庆市人民政府.活力城乡美好人居——2019中国城市规划年会论文集（18乡村规划）.中国城市规划学会、重庆市人民政府，2019：17.
[124] 曾龙晖，王天息.永福崇山村：打造田园综合体"六变"愿景成现实[N].桂林晚报，2020-06-18.
[125] 周铁军，董文静.西南地区传统村落空间格局保护的内容与方法研究[C].第四届山地城镇可持续发展专家论坛，2015：529-536.

附录：西南传统村落名单

表 7-1　西南传统村落贵州部分

序号	批次	名称
1	第一批次 （2012-12-17）	贵阳市花溪区高坡苗族乡批林村
2		贵阳市花溪区石板镇镇山村大寨
3		贵阳市开阳县禾丰布依族苗族乡马头村
4		遵义市赤水市丙安乡丙安村
5		遵义市务川仡佬族苗族自治县大坪镇龙潭村
6		遵义市凤冈县绥阳镇玛瑙村
7		安顺市西秀区大西桥镇吉昌村
8		安顺市西秀区大西桥镇石板房村
9		安顺市西秀区大西桥镇鲍屯村
10		安顺市西秀区七眼桥镇云山村
11		铜仁市德江县楠杆土家族乡兴隆社区上坝自然寨
12		铜仁市江口县太平土家族苗族乡云舍村
13		铜仁市石阡县白沙镇马桑坪村
14		铜仁市石阡县白沙镇箱子坪村
15		铜仁市石阡县国荣乡楼上村
16		铜仁市石阡县国荣乡葛容村高桥自然村
17		铜仁市石阡县河坝场乡小高王村
18		铜仁市石阡县聚凤仡佬族侗族乡黄泥坳村
19		铜仁市石阡县聚凤仡佬族侗族乡廖家屯村
20		铜仁市石阡县聚凤仡佬族侗族乡瓮水屯村
21		铜仁市石阡县石固仡佬族侗族乡公鹅坳村
22		铜仁市石阡县五德镇大寨村
23		黔西南布依族苗族自治州兴仁县巴铃镇百卡村 卡嘎布依寨
24		黔东南苗族侗族自治州从江县往洞乡增冲村
25		黔东南苗族侗族自治州从江县往洞乡则里村
26		黔东南苗族侗族自治州从江县丙妹镇岜沙村

续表

序号	批次	名称
27		黔东南苗族侗族自治州从江县谷坪乡银潭村
28		黔东南苗族侗族自治州从江县下江镇高仟村
29		黔东南苗族侗族自治州丹寨县扬武乡排莫村
30		黔东南苗族侗族自治州剑河县南哨乡翁座村
31		黔东南苗族侗族自治州锦屏县隆里乡隆里所村
32		黔东南苗族侗族自治州锦屏县河口乡文斗村
33		黔东南苗族侗族自治州雷山县郎德镇上郎德村
34		黔东南苗族侗族自治州雷山县郎德镇下郎德村
35		黔东南苗族侗族自治州雷山县郎德镇南猛村
36		黔东南苗族侗族自治州雷山县西江镇控拜村
37		黔东南苗族侗族自治州黎平县坝寨乡坝寨村
38		黔东南苗族侗族自治州黎平县坝寨乡蝉寨村
39		黔东南苗族侗族自治州黎平县坝寨乡高场村
40		黔东南苗族侗族自治州黎平县坝寨乡高兴村
41	第一批次（2012-12-17）	黔东南苗族侗族自治州黎平县坝寨乡青寨村
42		黔东南苗族侗族自治州黎平县大稼乡邓蒙村
43		黔东南苗族侗族自治州黎平县德顺乡平甫村
44		黔东南苗族侗族自治州黎平县地坪乡岑扣村
45		黔东南苗族侗族自治州黎平县地坪乡高青村
46		黔东南苗族侗族自治州黎平县地坪乡滚大村
47		黔东南苗族侗族自治州黎平县洪州镇归欧村
48		黔东南苗族侗族自治州黎平县洪州镇九江村
49		黔东南苗族侗族自治州黎平县洪州镇平架村
50		黔东南苗族侗族自治州黎平县洪州镇三团村
51		黔东南苗族侗族自治州黎平县九潮镇高寅村
52		黔东南苗族侗族自治州黎平县九潮镇贡寨村
53		黔东南苗族侗族自治州黎平县九潮镇吝洞村
54		黔东南苗族侗族自治州黎平县雷洞瑶族水族乡金城村
55		黔东南苗族侗族自治州黎平县茅贡乡蚕洞村
56		黔东南苗族侗族自治州黎平县茅贡乡冲寨

续表

序号	批次	名称
57		黔东南苗族侗族自治州黎平县茅贡乡登岑村
58		黔东南苗族侗族自治州黎平县茅贡乡地扪村
59		黔东南苗族侗族自治州黎平县茅贡乡高近村
60		黔东南苗族侗族自治州黎平县茅贡乡流芳村
61		黔东南苗族侗族自治州黎平县茅贡乡寨头村
62		黔东南苗族侗族自治州黎平县孟彦镇芒岭村
63		黔东南苗族侗族自治州黎平县尚重镇高冷村
64		黔东南苗族侗族自治州黎平县尚重镇纪登村
65		黔东南苗族侗族自治州黎平县尚重镇绍洞村
66		黔东南苗族侗族自治州黎平县尚重镇育洞村
67		黔东南苗族侗族自治州黎平县尚重镇朱冠村
68		黔东南苗族侗族自治州黎平县双江乡黄岗村
69		黔东南苗族侗族自治州黎平县岩洞镇述洞村
70		黔东南苗族侗族自治州黎平县岩洞镇岩洞村
71	第一批次（2012-12-17）	黔东南苗族侗族自治州黎平县岩洞镇宰拱村
72		黔东南苗族侗族自治州黎平县岩洞镇竹坪村
73		黔东南苗族侗族自治州黎平县永从乡豆洞村
74		黔东南苗族侗族自治州黎平县肇兴乡肇兴中寨村
75		黔东南苗族侗族自治州黎平县肇兴乡纪堂村
76		黔东南苗族侗族自治州黎平县肇兴乡纪堂上寨村
77		黔东南苗族侗族自治州黎平县肇兴乡堂安村
78		黔东南苗族侗族自治州黎平县肇兴乡肇兴村
79		黔东南苗族侗族自治州榕江县平江乡滚仲村
80		黔东南苗族侗族自治州榕江县兴华乡八蒙村
81		黔东南苗族侗族自治州榕江县兴华乡摆贝村
82		黔东南苗族侗族自治州榕江县栽麻乡大利村
83		黔东南苗族侗族自治州榕江县栽麻乡宰荡村
84		黔南布依族苗族自治州荔波县瑶山民族乡董蒙村
85		黔南布依族苗族自治州荔波县永康民族乡太吉村
86		黔南布依族苗族自治州荔波县永康民族乡尧古村

续表

序号	批次	名称
87	第一批次 （2012-12-17）	黔南布依族苗族自治州平塘县卡蒲毛南族乡场汀村交懂组
88		黔南布依族苗族自治州三都水族自治县坝街乡坝辉村
89		黔南布依族苗族自治州三都水族自治县都江镇怎雷村
90		黔南布依族苗族自治州三都水族自治县拉揽乡排烧村
91	第二批次 （2013-08-26）	遵义市湄潭县茅坪镇地关村平顺坝
92		遵义市湄潭县西河乡石家寨村
93		遵义市湄潭县抄乐乡群星村石家寨
94		安顺市普定县马官镇下坝屯村
95		安顺市镇宁布依族苗族自治县城关镇高荡村
96		安顺市镇宁布依族苗族自治县扁担山乡革老坟村
97		毕节市织金县龙场镇阳光村营上古寨
98		铜仁市碧江区漾头镇茶园山村
99		铜仁市江口县桃映镇匀都村委会漆树坪村
100		铜仁市江口县民和镇龙兴村委会封神懂村
101		铜仁市江口县怒溪镇河口村委会黄岩村
102		铜仁市石阡县花桥镇施场村
103		铜仁市石阡县五德镇董上村
104		铜仁市石阡县聚凤仡佬族侗族乡指甲坪村
105		铜仁市石阡县青阳苗族仡佬族侗族乡青山村
106		铜仁市石阡县坪地场仡佬族侗族乡石榴坡村
107		铜仁市石阡县甘溪乡铺溪村
108		铜仁市思南县许家坝镇舟水村
109		铜仁市思南县文家店镇龙山村
110		铜仁市思南县青杠坡镇四野屯村
111		铜仁市思南县思林乡金龙村
112		铜仁市思南县思林乡黑河峡社区
113		铜仁市思南县板桥乡郝家湾村
114		铜仁市思南县兴隆乡天山村
115		铜仁市思南县杨家坳乡城头盖村

续表

序号	批次	名称
116		铜仁市印江土家族苗族自治县永义乡团龙村
117		铜仁市德江县枫香溪镇枫香溪村
118		铜仁市德江县复兴镇棋坝山村
119		铜仁市德江县共和乡焕河村
120		铜仁市德江县沙溪乡大寨村
121		铜仁市沿河土家族自治县思渠镇荷叶村
122		铜仁市沿河土家族自治县黑獭乡大溪村
123		铜仁市沿河土家族自治县新景乡白果村
124		铜仁市沿河土家族自治县后坪乡茶园村
125		铜仁市松桃苗族自治县普觉镇候溪屯村
126		铜仁市松桃苗族自治县正大乡薅菜村苗王城
127		黔东南苗族侗族自治州黄平县谷陇乡苗陇村
128		黔东南苗族侗族自治州三穗县良上乡雅中村
129		黔东南苗族侗族自治州镇远县报京乡报京村
130	第二批次 (2013-08-26)	黔东南苗族侗族自治州岑巩县平庄乡平庄村凯空组
131		黔东南苗族侗族自治州剑河县南加镇塘边村
132		黔东南苗族侗族自治州剑河县柳川镇巫泥村
133		黔东南苗族侗族自治州剑河县革东镇八郎村
134		黔东南苗族侗族自治州剑河县久仰乡基佑村
135		黔东南苗族侗族自治州剑河县久仰乡久吉村
136		黔东南苗族侗族自治州剑河县太拥镇太坪村
137		黔东南苗族侗族自治州剑河县太拥镇九连村
138		黔东南苗族侗族自治州剑河县南哨乡亚沙村
139		黔东南苗族侗族自治州剑河县南哨乡反召村
140		黔东南苗族侗族自治州剑河县南寨乡展留村
141		黔东南苗族侗族自治州剑河县南寨乡柳富村
142		黔东南苗族侗族自治州剑河县磻溪镇洞脚村
143		黔东南苗族侗族自治州剑河县磻溪镇大广村
144		黔东南苗族侗族自治州剑河县敏洞乡沟洞村
145		黔东南苗族侗族自治州剑河县观么乡巫包村

续表

序号	批次	名称
146		黔东南苗族侗族自治州台江县台拱镇展福村
147		黔东南苗族侗族自治州台江县台拱镇板凳村
148		黔东南苗族侗族自治州台江县台拱镇南省村
149		黔东南苗族侗族自治州台江县台拱镇南冬村
150		黔东南苗族侗族自治州台江县台拱镇排朗村
151		黔东南苗族侗族自治州台江县台拱镇桃香村
152		黔东南苗族侗族自治州台江县台拱镇登鲁村
153		黔东南苗族侗族自治州台江县台拱镇交片村
154		黔东南苗族侗族自治州台江县台拱镇展下村
155		黔东南苗族侗族自治州台江县施洞镇小河村
156		黔东南苗族侗族自治州台江县施洞镇旧州村
157		黔东南苗族侗族自治州台江县施洞镇八梗村
158		黔东南苗族侗族自治州台江县施洞镇黄泡村
159		黔东南苗族侗族自治州台江县南宫乡交包村
160	第二批次	黔东南苗族侗族自治州台江县南宫乡交下村
161	（2013-08-26）	黔东南苗族侗族自治州台江县南宫乡交密村
162		黔东南苗族侗族自治州台江县南宫乡展忙村
163		黔东南苗族侗族自治州台江县排羊乡九摆村
164		黔东南苗族侗族自治州台江县排羊乡上南刀村
165		黔东南苗族侗族自治州台江县台盘乡德卷村
166		黔东南苗族侗族自治州台江县台盘乡南尧村
167		黔东南苗族侗族自治州台江县革一乡北方村
168		黔东南苗族侗族自治州台江县革一乡排生村
169		黔东南苗族侗族自治州台江县革一乡西南村
170		黔东南苗族侗族自治州台江县老屯乡长滩村
171		黔东南苗族侗族自治州台江县方召乡反排村
172		黔东南苗族侗族自治州台江县方召乡巫脚交村
173		黔东南苗族侗族自治州台江县方召乡巫梭村
174		黔东南苗族侗族自治州台江县方召乡交汪村
175		黔东南苗族侗族自治州黎平县孟彦镇罗溪村

续表

序号	批次	名称
176		黔东南苗族侗族自治州黎平县孟彦镇岑湖村
177		黔东南苗族侗族自治州黎平县九潮镇高维村
178		黔东南苗族侗族自治州黎平县九潮镇定八村
179		黔东南苗族侗族自治州黎平县九潮镇大榕村新寨
180		黔东南苗族侗族自治州黎平县九潮镇顺寨村
181		黔东南苗族侗族自治州黎平县岩洞镇大寨村
182		黔东南苗族侗族自治州黎平县岩洞镇小寨村
183		黔东南苗族侗族自治州黎平县水口镇东郎村
184		黔东南苗族侗族自治州黎平县水口镇花柳村
185		黔东南苗族侗族自治州黎平县水口镇南江村
186		黔东南苗族侗族自治州黎平县水口镇茨洞村
187		黔东南苗族侗族自治州黎平县水口镇宰洋村宰直寨
188		黔东南苗族侗族自治州黎平县尚重镇岑门村
189		黔东南苗族侗族自治州黎平县尚重镇顿路村
190	第二批次	黔东南苗族侗族自治州黎平县尚重镇归德村
191	（2013-08-26）	黔东南苗族侗族自治州黎平县尚重镇旧洞村
192		黔东南苗族侗族自治州黎平县尚重镇上洋村
193		黔东南苗族侗族自治州黎平县尚重镇下洋村
194		黔东南苗族侗族自治州黎平县尚重镇西迷村
195		黔东南苗族侗族自治州黎平县尚重镇宰蒙村
196		黔东南苗族侗族自治州黎平县雷洞乡岑管村
197		黔东南苗族侗族自治州黎平县雷洞乡牙双村
198		黔东南苗族侗族自治州黎平县永从乡九龙村
199		黔东南苗族侗族自治州黎平县永从乡中罗村
200		黔东南苗族侗族自治州黎平县茅贡乡额洞村
201		黔东南苗族侗族自治州黎平县茅贡乡寨南村
202		黔东南苗族侗族自治州黎平县茅贡乡己炭村汉寨
203		黔东南苗族侗族自治州黎平县坝寨乡高西村
204		黔东南苗族侗族自治州黎平县坝寨乡器寨村
205		黔东南苗族侗族自治州黎平县口江乡银朝村

续表

序号	批次	名称
206		黔东南苗族侗族自治州黎平县双江乡四寨村
207		黔东南苗族侗族自治州黎平县双江乡寨高村
208		黔东南苗族侗族自治州黎平县肇兴镇肇兴上寨村
209		黔东南苗族侗族自治州黎平县肇兴镇厦格村
210		黔东南苗族侗族自治州黎平县肇兴镇厦格上寨村
211		黔东南苗族侗族自治州黎平县龙额镇上地坪村
212		黔东南苗族侗族自治州黎平县地坪乡新丰村
213		黔东南苗族侗族自治州黎平县地坪乡下寨村
214		黔东南苗族侗族自治州黎平县大稼乡高孖村
215		黔东南苗族侗族自治州黎平县平寨乡纪德村
216		黔东南苗族侗族自治州黎平县德化乡高洋村
217		黔东南苗族侗族自治州黎平县德化乡下洋村
218		黔东南苗族侗族自治州榕江县寨蒿镇票寨村侗寨
219		黔东南苗族侗族自治州榕江县栽麻乡苗兰村侗寨
220	第二批次 （2013-08-26）	黔东南苗族侗族自治州榕江县三江乡脚车村苗寨
221		黔东南苗族侗族自治州榕江县塔石乡怎东村瑶寨
222		黔东南苗族侗族自治州从江县下江镇高良村
223		黔东南苗族侗族自治州从江县宰便镇引东村
224		黔东南苗族侗族自治州从江县西山镇田底村
225		黔东南苗族侗族自治州从江县停洞镇架里村
226		黔东南苗族侗族自治州从江县高增乡岜扒村
227		黔东南苗族侗族自治州从江县谷坪乡高吊村
228		黔东南苗族侗族自治州从江县雍里乡归林村
229		黔东南苗族侗族自治州从江县刚边壮族乡刚边村
230		黔东南苗族侗族自治州从江县刚边壮族乡银平村
231		黔东南苗族侗族自治州从江县加榜乡加车村
232		黔东南苗族侗族自治州从江县加榜乡下尧村
233		黔东南苗族侗族自治州从江县翠里瑶族壮族乡高华村
234		黔东南苗族侗族自治州从江县往洞镇朝利村
235		黔东南苗族侗族自治州从江县往洞镇增盈村

续表

序号	批次	名称
236		黔东南苗族侗族自治州从江县东朗乡孔明村
237		黔东南苗族侗族自治州从江县加鸠乡加翁村
238		黔东南苗族侗族自治州从江县光辉乡加牙村
239		黔东南苗族侗族自治州雷山县丹江镇乌东村
240		黔东南苗族侗族自治州雷山县丹江镇虎阳村
241		黔东南苗族侗族自治州雷山县丹江镇教厂村
242		黔东南苗族侗族自治州雷山县丹江镇脚猛村
243		黔东南苗族侗族自治州雷山县丹江镇干皎村
244		黔东南苗族侗族自治州雷山县丹江镇猫猫河村
245		黔东南苗族侗族自治州雷山县西江镇长乌村
246		黔东南苗族侗族自治州雷山县西江镇黄里村
247		黔东南苗族侗族自治州雷山县西江镇中寨村
248		黔东南苗族侗族自治州雷山县西江镇开觉村
249		黔东南苗族侗族自治州雷山县西江镇龙塘村
250	第二批次（2013-08-26）	黔东南苗族侗族自治州雷山县西江镇麻料村
251		黔东南苗族侗族自治州雷山县西江镇乌尧村
252		黔东南苗族侗族自治州雷山县西江镇北建村
253		黔东南苗族侗族自治州雷山县永乐镇加鸟村
254		黔东南苗族侗族自治州雷山县永乐镇开屯村
255		黔东南苗族侗族自治州雷山县永乐镇乔洛村
256		黔东南苗族侗族自治州雷山县永乐镇乔歪村
257		黔东南苗族侗族自治州雷山县永乐镇肖家村
258		黔东南苗族侗族自治州雷山县郎德镇杨柳村
259		黔东南苗族侗族自治州雷山县郎德镇乌瓦村
260		黔东南苗族侗族自治州雷山县郎德镇乌流村
261		黔东南苗族侗族自治州雷山县郎德镇也改村
262		黔东南苗族侗族自治州雷山县郎德镇报德村
263		黔东南苗族侗族自治州雷山县郎德镇也利村
264		黔东南苗族侗族自治州雷山县望丰乡乌迭村
265		黔东南苗族侗族自治州雷山县望丰乡三角田村

续表

序号	批次	名称
266		黔东南苗族侗族自治州雷山县望丰乡公统村
267		黔东南苗族侗族自治州雷山县望丰乡丰塘村
268		黔东南苗族侗族自治州雷山县望丰乡乌的村
269		黔东南苗族侗族自治州雷山县望丰乡荣防村
270		黔东南苗族侗族自治州雷山县望丰乡乌响村
271		黔东南苗族侗族自治州雷山县望丰乡排肖村
272		黔东南苗族侗族自治州雷山县大塘乡新桥村
273		黔东南苗族侗族自治州雷山县大塘乡掌坳村
274		黔东南苗族侗族自治州雷山县大塘乡独南村
275		黔东南苗族侗族自治州雷山县桃江乡乔王村
276		黔东南苗族侗族自治州雷山县桃江乡岩寨村
277		黔东南苗族侗族自治州雷山县桃江乡掌雷村
278		黔东南苗族侗族自治州雷山县桃江乡龙河村
279	第二批次 (2013-08-26)	黔东南苗族侗族自治州雷山县达地水族乡也蒙村
280		黔东南苗族侗族自治州雷山县方祥乡陡寨村
281		黔东南苗族侗族自治州雷山县方祥乡毛坪村
282		黔东南苗族侗族自治州雷山县方祥乡格头村
283		黔东南苗族侗族自治州雷山县方祥乡提香村
284		黔东南苗族侗族自治州雷山县方祥乡雀鸟村
285		黔东南苗族侗族自治州麻江县杏山镇六堡村
286		黔东南苗族侗族自治州麻江县龙山乡河坝村
287		黔东南苗族侗族自治州麻江县龙山乡复兴村
288		黔东南苗族侗族自治州丹寨县排调镇麻鸟村
289		黔东南苗族侗族自治州丹寨县扬武镇扬颂村
290		黔东南苗族侗族自治州丹寨县雅灰乡送陇村
291		黔东南苗族侗族自治州丹寨县南皋乡石桥村
292		黔南布依族苗族自治州平塘县掌布镇掌布村
293	第三批次 (2014-11-17)	六盘水市六枝特区梭戛苗族彝族回族乡高兴村
294		六盘水市水城县花戛苗族布依族彝族乡天门村
295		六盘水市盘县石桥镇妥乐村

续表

序号	批次	名称
296		六盘水市盘县羊场布依族白族苗族乡大中村
297		六盘水市盘县保基苗族彝族乡陆家寨村
298		遵义市遵义县枫香镇苟坝村
299		遵义市遵义县毛石镇毛石村
300		遵义市凤冈县琊川镇杨家寨
301		遵义市凤冈县土溪镇黑溪古寨
302		遵义市凤冈县新建乡长碛古寨
303		遵义市湄潭县西河镇官寨
304		遵义市湄潭县洗马镇石笋沟
305		安顺市西秀区宁谷镇小呈堡村
306		安顺市西秀区七眼桥镇猴场村
307		安顺市西秀区七眼桥镇雷屯村
308		安顺市西秀区七眼桥镇本寨村
309		安顺市西秀区轿子山镇秀水村
310	第三批次 （2014-11-17）	安顺市西秀区新场布依族苗族乡花庆村石头组
311		安顺市西秀区新场布依族苗族乡勇江村勇克组
312		安顺市西秀区东屯乡高官居委会高官组
313		安顺市西秀区东屯乡金山村山旗组
314		安顺市平坝县白云镇肖家村
315		安顺市平坝县白云镇平元村元河组
316		安顺市平坝县天龙镇打磨村虾儿井组
317		安顺市平坝县天龙镇二官村
318		安顺市平坝县天龙镇合旺村岩上组
319		安顺市平坝县天龙镇兴旺村双硐组
320		安顺市平坝县天龙镇天龙村
321		安顺市普定县城关镇陈旗堡村
322		安顺市普定县猴场苗族仡佬族乡猛舟村
323		安顺市镇宁布依族苗族自治县江龙镇竹王村（原猛正村）
324		安顺市关岭布依族苗族自治县普利乡马崖村下瓜组
325		安顺市黄果树风景名胜区黄果树镇大三新村大洋溪组

续表

序号	批次	名称
326		安顺市黄果树风景名胜区黄果树镇慕龙村
327		安顺市黄果树风景名胜区黄果树镇石头寨村偏坡组
328		安顺市黄果树风景名胜区黄果树镇油寨村山岔组
329		安顺市黄果树风景名胜区黄果树镇石头寨村石头寨组
330		安顺市黄果树风景名胜区黄果树镇白水河村殷家庄组
331		安顺市黄果树风景名胜区白水镇大坪地村滑石哨组
332		铜仁市碧江区坝黄镇宋家坝村塘边古树园
333		铜仁市碧江区瓦屋侗族乡克兰寨村
334		铜仁市玉屏侗族自治县新店乡朝阳村
335		铜仁市玉屏侗族自治县新店乡大湾村
336		铜仁市思南县合朋溪镇鱼塘村
337		铜仁市思南县塘头镇甲秀社区
338		铜仁市思南县塘头镇街子村
339		铜仁市思南县大坝场镇官塘坝村
340	第三批次	铜仁市思南县大坝场镇尧上村
341	（2014-11-17）	铜仁市思南县瓮溪镇瓮溪社区马家山组
342		铜仁市印江土家族苗族自治县板溪镇渠沟村
343		铜仁市印江土家族苗族自治县天堂镇中尧村
344		铜仁市印江土家族苗族自治县合水镇兴旺村
345		铜仁市印江土家族苗族自治县缠溪镇方家岭村
346		铜仁市印江土家族苗族自治县新寨乡黔溪村
347		铜仁市印江土家族苗族自治县中坝乡虹穴村
348		铜仁市印江土家族苗族自治县新业乡芙蓉村
349		铜仁市印江土家族苗族自治县新业乡坪所村
350		铜仁市德江县煎茶镇付家村
351		铜仁市德江县复兴镇稳溪村
352		铜仁市德江县合兴镇朝阳村
353		铜仁市德江县高山镇梨子水村
354		铜仁市沿河土家族自治县夹石镇闵子溪村
355		铜仁市沿河土家族自治县官舟镇木子岭村

续表

序号	批次	名称
356		铜仁市沿河土家族自治县板场乡洋溪村
357		铜仁市沿河土家族自治县后坪乡下坝村
358		铜仁市松桃苗族自治县普觉镇半坡村
359		铜仁市松桃苗族自治县寨英镇大水村
360		铜仁市松桃苗族自治县寨英镇邓堡村
361		铜仁市松桃苗族自治县寨英镇寨英村
362		铜仁市松桃苗族自治县孟溪镇头京村
363		铜仁市万山区黄道乡瓦寨村
364		铜仁市万山区敖寨乡石头寨
365		黔西南布依族苗族自治州兴义市巴结镇南龙村
366		黔西南布依族苗族自治州兴义市泥凼镇堵德村
367		黔西南布依族苗族自治州册亨县丫他镇板万村
368		黔东南苗族侗族自治州凯里市三棵树镇乐平村季刀寨
369		黔东南苗族侗族自治州黄平县重安镇枫香村
370	第三批次（2014-11-17）	黔东南苗族侗族自治州黄平县重安镇塘都村
371		黔东南苗族侗族自治州黄平县重安镇望坝村
372		黔东南苗族侗族自治州黄平县谷陇镇平寨村
373		黔东南苗族侗族自治州黄平县野洞河镇新华村
374		黔东南苗族侗族自治州施秉县双井镇龙塘村
375		黔东南苗族侗族自治州天柱县高酿镇地良村
376		黔东南苗族侗族自治州锦屏县彦洞乡瑶白村
377		黔东南苗族侗族自治州剑河县柳川镇返排村
378		黔东南苗族侗族自治州剑河县柳川镇巫库村
379		黔东南苗族侗族自治州剑河县岑松镇稿旁村
380		黔东南苗族侗族自治州剑河县南加镇九旁村
381		黔东南苗族侗族自治州剑河县南加镇柳基村
382		黔东南苗族侗族自治州剑河县南明镇小湳村
383		黔东南苗族侗族自治州剑河县革东镇大皆道村
384		黔东南苗族侗族自治州剑河县久仰乡毕下村
385		黔东南苗族侗族自治州剑河县久仰乡巫交村

续表

序号	批次	名称
386		黔东南苗族侗族自治州剑河县南哨乡高定村
387		黔东南苗族侗族自治州剑河县敏洞乡高坵村
388		黔东南苗族侗族自治州剑河县观么乡平下村
389		黔东南苗族侗族自治州台江县南宫乡石灰河村
390		黔东南苗族侗族自治州台江县排羊乡大塘村
391		黔东南苗族侗族自治州台江县台盘乡空寨村
392		黔东南苗族侗族自治州台江县台盘乡南瓦村
393		黔东南苗族侗族自治州台江县革一乡江边村
394		黔东南苗族侗族自治州台江县革一乡茅坪村
395		黔东南苗族侗族自治州台江县老屯乡白土村
396		黔东南苗族侗族自治州黎平县水口镇平善村
397		黔东南苗族侗族自治州黎平县尚重镇绞洞村
398		黔东南苗族侗族自治州黎平县尚重镇洋卫村
399		黔东南苗族侗族自治州黎平县大稼乡岑桃村
400	第三批次 （2014-11-17）	黔东南苗族侗族自治州黎平县德化乡俾翁村
401		黔东南苗族侗族自治州从江县下江镇巨洞村
402		黔东南苗族侗族自治州从江县下江镇中华村
403		黔东南苗族侗族自治州从江县西山镇顶洞村
404		黔东南苗族侗族自治州从江县高增乡小黄村
405		黔东南苗族侗族自治州从江县高增乡占里村
406		黔东南苗族侗族自治州从江县庆云乡单阳村
407		黔东南苗族侗族自治州从江县刚边乡三联村
408		黔东南苗族侗族自治州从江县加榜乡党扭村
409		黔东南苗族侗族自治州从江县翠里瑶族壮族乡岑丰村
410		黔东南苗族侗族自治州从江县东朗乡苗谷村
411		黔东南苗族侗族自治州雷山县西江镇大龙苗寨
412		黔东南苗族侗族自治州雷山县西江镇乌高村
413		黔东南苗族侗族自治州雷山县大塘镇桥港村
414		黔东南苗族侗族自治州雷山县达地水族乡马路苎寨
415		黔东南苗族侗族自治州雷山县达地水族乡同乌水寨

序号	批次	名称
416		黔东南苗族侗族自治州雷山县方祥乡平祥村
417		黔东南苗族侗族自治州雷山县方祥乡水寨村
418		黔东南苗族侗族自治州丹寨县兴仁镇王家寨村
419		黔南布依族苗族自治州都匀经济开发区匀东镇洛邦社区绕河村
420	第三批次（2014-11-17）	黔南布依族苗族自治州都匀经济开发区匀东镇王司社区新场村
421		黔南布依族苗族自治州荔波县玉屏街道办事处水甫村
422		黔南布依族苗族自治州荔波县方村乡丙花村者吕组
423		黔南布依族苗族自治州平塘县平舟镇乐康村
424		黔南布依族苗族自治州平塘县塘边镇新建村打鸟组
425		黔南布依族苗族自治州平塘县塘边镇新街村落辉大寨
426		黔南布依族苗族自治州平塘县新塘乡新营村摆仗组
427		六盘水市六枝特区落别乡长湾村长田组
428		六盘水市盘县石桥镇乐民村
429		六盘水市盘县保田镇鹅毛寨村
430		六盘水市盘县丹霞镇水塘村
431		遵义市汇川区高坪街道海龙屯村
432		遵义市播州区尚嵇镇乌江村
433		遵义市桐梓县高桥镇周市金鸡水古寨
434		遵义市桐梓县狮溪镇狮溪村
435	第四批次（2016-12-09）	遵义市正安县芙蓉江镇祝家坪村
436		遵义市正安县流渡镇白花村
437		遵义市道真县阳溪镇阳溪村
438		遵义市务川县丰乐镇造纸塘
439		遵义市务川县黄都镇大竹村
440		遵义市务川县黄都镇沈家坝
441		遵义市务川县丹砂街道马拱坡
442		遵义市赤水市元厚镇陛诏村
443		安顺经济技术开发区幺铺镇磊跨村歪寨组
444		安顺市平坝区安平街道办事处大寨村

续表

序号	批次	名称
445		安顺市平坝区白云镇白云村白云庄自然村
446		安顺市平坝区白云镇车头村
447		安顺市平坝区白云镇高寨村高寨自然村
448		安顺市平坝区乐平镇大屯村
449		安顺市平坝区乐平镇小屯村
450		安顺市普定县马场镇云盘村
451		安顺市西秀区双堡镇山京村
452		安顺市西秀区双堡镇骗马牛村
453		安顺市西秀区大西桥镇西陇村
454		安顺市西秀区七眼桥镇仁岗村
455		安顺市西秀区蔡官镇罗大寨村
456		安顺市西秀区轿子山镇郭家屯村
457		安顺市西秀区旧州镇詹屯村
458		安顺市西秀区旧州镇海马村
459	第四批次 (2016-12-09)	安顺市西秀区新场乡绿泉村石关组
460		安顺市西秀区杨武乡顺河村顺河组
461		安顺市西秀区黄腊乡龙青村
462		安顺市西秀区刘官乡周官村
463		安顺市镇宁布依族苗族自治县丁旗街道办事处官寨村官寨组
464		安顺市紫云苗族布依族自治县格凸河镇格井村
465		铜仁市碧江区川硐镇板栗园村杨家坡
466		铜仁市碧江区六龙山侗族土家族乡瓮慢村
467		铜仁市江口县民和镇韭菜村
468		铜仁市江口县怒溪镇梵星村
469		铜仁市石阡县河坝场乡深溪村
470		铜仁市思南县瓮溪镇三星村
471		铜仁市思南县胡家湾乡周家桠村
472		铜仁市印江自治县新寨乡乐洋村
473		铜仁市印江自治县木黄镇木良村

续表

序号	批次	名称
474		铜仁市印江自治县紫薇镇大园址村
475		铜仁市德江县合兴镇龙溪村岩头坝
476		铜仁市德江县长堡镇马家溪村岩阡头组
477		铜仁市沿河县夹石镇山羊村
478		铜仁市沿河县泉坝镇三坝村
479		铜仁市松桃县蓼皋镇文山村
480		铜仁市松桃县盘信镇大湾村
481		铜仁市松桃县普觉镇干背河村罗溪屯
482		铜仁市松桃县普觉镇高坎村
483		铜仁市松桃县普觉镇真武堡村
484		铜仁市松桃县寨英镇蕉溪村
485		铜仁市松桃县寨英镇凯牌村
486		铜仁市松桃县世昌乡世昌村底哨
487		铜仁市松桃县长坪乡地甲司村
488	第四批次	铜仁市松桃县长坪乡干沙坪村
489	（2016-12-09）	铜仁市松桃县沙坝河乡界牌村
490		黔西南布依族苗族自治州贞丰县挽澜镇兴农村
491		黔西南布依族苗族自治州贞丰县平街乡花江村
492		黔西南布依族苗族自治州册亨县弼佑镇秧佑村
493		黔东南苗族侗族自治州凯里市三棵树镇朗利村
494		黔东南苗族侗族自治州凯里市三棵树镇南花村
495		黔东南苗族侗族自治州凯里市凯棠乡南江村
496		黔东南苗族侗族自治州黄平县谷陇镇岩门司村
497		黔东南苗族侗族自治州镇远县金堡镇爱和村
498		黔东南苗族侗族自治州锦屏县三江镇瓮寨村
499		黔东南苗族侗族自治州锦屏县茅坪镇茅坪村
500		黔东南苗族侗族自治州剑河县久仰镇巫溜村
501		黔东南苗族侗族自治州台江县方召镇方召村
502		黔东南苗族侗族自治州黎平县顺化瑶族乡高孖村
503		黔东南苗族侗族自治州黎平县茅贡镇腊洞村

续表

序号	批次	名称
504		黔东南苗族侗族自治州黎平县口江乡朝坪村
505		黔东南苗族侗族自治州榕江县忠诚镇定弄村
506		黔东南苗族侗族自治州榕江县寨蒿镇晚寨村
507		黔东南苗族侗族自治州榕江县寨蒿镇乌公村
508		黔东南苗族侗族自治州榕江县朗洞镇卡寨村
509		黔东南苗族侗族自治州榕江县栽麻镇归柳村
510		黔东南苗族侗族自治州榕江县计划乡加宜村
511		黔东南苗族侗族自治州榕江县平阳乡丹江村
512		黔东南苗族侗族自治州从江县贯洞镇潘今滚村
513		黔东南苗族侗族自治州从江县洛香镇登巴村
514		黔东南苗族侗族自治州从江县往洞镇高传村
515		黔东南苗族侗族自治州从江县往洞镇信地村
516		黔东南苗族侗族自治州从江县往洞镇秧里村
517		黔东南苗族侗族自治州从江县高增乡美德村
518	第四批次 （2016-12-09）	黔东南苗族侗族自治州从江县谷坪乡留架村
519		黔东南苗族侗族自治州从江县丙妹镇大塘村
520		黔东南苗族侗族自治州从江县庆云镇转珠村
521		黔东南苗族侗族自治州从江县加鸠镇加学村
522		黔东南苗族侗族自治州从江县斗里镇马安村
523		黔东南苗族侗族自治州从江县东郎镇党相村
524		黔东南苗族侗族自治州雷山县望丰乡羊卡村
525		黔东南苗族侗族自治州丹寨县兴仁镇排佐村
526		黔南布依族苗族自治州荔波县瑶山瑶族乡拉片村一、二组
527		黔南布依族苗族自治州三都水族自治县三合街道高寨村大寨
528		黔南布依族苗族自治州三都水族自治县三合街道姑挂村姑鲁寨
529		黔南布依族苗族自治州三都水族自治县三合街道行偿村姑八寨
530		黔南布依族苗族自治州三都水族自治县三合街道龙台村王家寨

续表

序号	批次	名称
531		黔南布依族苗族自治州三都水族自治县三合街道牛场村巴卯寨
532		黔南布依族苗族自治州三都水族自治县三合街道排招村排招寨
533		黔南布依族苗族自治州三都水族自治县大河镇甲照村甲照大寨
534		黔南布依族苗族自治州三都水族自治县大河镇蕊抹村
535		黔南布依族苗族自治州三都水族自治县都江镇摆鸟村
536		黔南布依族苗族自治州三都水族自治县都江镇达荣村羊告组
537	第四批次 （2016-12-09）	黔南布依族苗族自治州三都水族自治县都江镇盖赖村
538		黔南布依族苗族自治州三都水族自治县都江镇控抗村
539		黔南布依族苗族自治州三都水族自治县都江镇来术村
540		黔南布依族苗族自治州三都水族自治县都江镇排抱村
541		黔南布依族苗族自治州三都水族自治县都江镇排怪村
542		黔南布依族苗族自治州三都水族自治县都江镇排外村
543		黔南布依族苗族自治州三都水族自治县都江镇小脑村
544		黔南布依族苗族自治州三都水族自治县都江镇小昔村党虾组
545		黔南布依族苗族自治州三都水族自治县都江镇小昔村火烧组
546		贵阳市开阳县楠木渡镇黄木村付家湾组
547		贵阳市开阳县南龙乡佘家营村营上组
548		贵阳市开阳县南龙乡东官村湾子寨组
549		贵阳市开阳县毛云乡毛栗庄村新庄组
550	第五批次 （2019-06-06）	六盘水市六枝特区木岗镇夏陇塘村
551		遵义市桐梓县花秋镇岔水村河扁组
552		遵义市务川仡佬族苗族自治县大坪街道三坑村板场组
553		遵义市凤冈县进化镇沙坝村
554		遵义市凤冈县王寨镇高坝村
555		遵义市凤冈县新建镇新建社区龙塘溪组
556		遵义市湄潭县高台镇三联村麻凼组

续表

序号	批次	名称
557		遵义市湄潭县石莲镇沿江村细沙组
558		遵义市湄潭县西河镇西坪村西坪组
559		遵义市湄潭县洗马镇团结村程家湾村
560		遵义市余庆县白泥镇桂花村榨溪组
561		遵义市习水县隆兴镇淋滩村
562		遵义市习水县良村镇洋化村白土台组
563		遵义市赤水市大同镇古镇社区
564		遵义市仁怀市三合镇两岔村
565		安顺市西秀区龙宫镇油菜湖村小苑组
566		安顺市西秀区龙宫镇蔡官村
567		安顺市西秀区大西桥镇九溪村
568		安顺市西秀区蔡官镇格来月村
569		安顺市西秀区刘官乡嘉穗村大寨村
570		安顺市镇宁布依族苗族自治县江龙镇陇西村二组、三组
571	第五批次	安顺市镇宁布依族苗族自治县江龙镇木志河村下完组
572	（2019-06-06）	安顺市紫云苗族布依族自治县猴场镇打哈村
573		安顺市紫云苗族布依族自治县猫营镇黄土村佑卯组
574		安顺市紫云苗族布依族自治县坝羊乡五星村云上组
575		安顺市紫云苗族布依族自治县火花乡九岭村
576		毕节市大方县黄泥塘镇背座村
577		毕节市大方县雨冲乡油杉河村
578		铜仁市碧江区云场坪镇路腊村
579		铜仁市江口县官和侗族土家族苗族乡泗渡村后溪组
580		铜仁市石阡县五德镇大鸡公村
581		铜仁市石阡县国荣乡周家寨村
582		铜仁市石阡县龙井乡克麻场村
583		铜仁市石阡县青阳乡高塘村
584		铜仁市石阡县甘溪乡铺溪村红岩组
585		铜仁市思南县许家坝镇坑水村浸底峡组
586		铜仁市德江县平原镇杉园社区中坝村

序号	批次	名称
587		铜仁市沿河土家族自治县思渠镇马福云村
588		铜仁市沿河土家族自治县客田镇红溪村
589		黔西南州兴义市泥凼镇乌舍村
590		黔西南州兴义市清水河镇雨补鲁村
591		黔西南州兴仁县新龙场镇冬瓜林村
592		黔西南州普安县青山镇青山社区
593		黔东南州凯里市湾水镇岩寨村
594		黔东南州凯里市炉山镇角冲村
595		黔东南州凯里市炉山镇六个鸡村
596		黔东南州凯里市下司镇清江村
597		黔东南州黄平县一碗水乡印地坝村
598		黔东南州岑巩县凯本镇凯府村
599		黔东南州天柱县蓝田镇碧雅村和当寨
600		黔东南州天柱县高酿镇坐寨村
601	第五批次	黔东南州天柱县高酿镇木杉村大寨
602	（2019-06-06）	黔东南州天柱县高酿镇邦寨村邦寨
603		黔东南州天柱县远口镇元田村
604		黔东南州天柱县坌处镇抱塘村
605		黔东南州天柱县坌处镇三门塘村
606		黔东南州天柱县渡马镇共和村甘溪寨
607		黔东南州锦屏县启蒙镇腊洞村
608		黔东南州锦屏县平秋镇圭叶村
609		黔东南州锦屏县平秋镇魁胆村
610		黔东南州锦屏县平略镇平教村
611		黔东南州锦屏县新化乡新化寨村
612		黔东南州锦屏县河口乡韶霭村
613		黔东南州剑河县南哨镇九虎村
614		黔东南州台江县台拱街道红阳村
615		黔东南州台江县南宫镇交宫村
616		黔东南州台江县排羊乡下南刀村

续表

序号	批次	名称
617		黔东南州台江县台盘乡水寨村
618		黔东南州黎平县中潮镇上黄村兰洞寨
619		黔东南州黎平县水口镇胜利村
620		黔东南州黎平洪州镇六爽村
621		黔东南州黎平县洪州镇赏方村
622		黔东南州黎平县茅贡镇寨母村
623		黔东南州榕江县古州镇三盘村
624		黔东南州榕江县古州镇高兴村
625		黔东南州榕江县寨蒿镇寿洞村
626		黔东南州榕江县乐里镇乔勒村
627		黔东南州榕江县乐里镇大瑞村
628		黔东南州榕江县乐里镇本里村
629		黔东南州榕江县乐里镇保里村
630		黔东南州榕江县朗洞镇高略村
631	第五批次（2019-06-06）	黔东南州榕江县崇义乡纯厚村
632		黔东南州榕江县平江乡高鸟村
633		黔东南州榕江县塔石乡同流村
634		黔东南州榕江县定威乡计水村
635		黔东南州榕江县平阳乡硐里村
636		黔东南州从江县丙妹镇大歹村
637		黔东南州从江县丙妹镇老或村
638		黔东南州从江县丙妹镇龙江村
639		黔东南州从江县丙妹镇銮里村岑报寨
640		黔东南州从江县洛香镇平乐村
641		黔东南州从江县洛香镇大桥村
642		黔东南州从江县西山镇卡翁村
643		黔东南州从江县西山镇秋卡村
644		黔东南州从江县西山镇滚郎村
645		黔东南州从江县停洞镇归奶村
646		黔东南州从江县停洞镇摆也村

序号	批次	名称
647		黔东南州从江县停洞镇苗朋村
648		黔东南州从江县往洞镇贡寨村
649		黔东南州从江县往洞镇德秋村
650		黔东南州从江县往洞镇德桥村
651		黔东南州从江县往洞镇往洞村平楼寨
652		黔东南州从江县高增乡付中村
653		黔东南州从江县谷坪乡山岗村燕窝寨
654		黔东南州从江县谷坪乡五一村党苟寨
655		黔东南州从江县庆云镇广力村归料寨
656		黔东南州从江县庆云镇佰你村迫面寨
657		黔东南州从江县刚边乡宰船村
658		黔东南州从江县刚边乡鸡脸村
659		黔东南州从江县加榜乡加页村
660		黔东南州从江县秀塘乡打格村
661	第五批次	黔东南州从江县秀塘乡下教村
662	（2019-06-06）	黔东南州从江县斗里镇台里村
663		黔东南州从江县斗里镇潘里村八组
664		黔东南州从江县翠里乡污牙村
665		黔东南州从江县翠里乡高文村
666		黔东南州从江县翠里乡宰转村
667		黔东南州从江县翠里乡高开村
668		黔东南州从江县加鸠镇白岩村
669		黔东南州从江县加鸠镇加能村
670		黔东南州从江县加勉乡加坡村
671		黔东南州从江县加勉乡污俄村
672		黔东南州从江县加勉乡真由村
673		黔东南州雷山县丹江镇阳苟村
674		黔东南州雷山县丹江镇排翁村
675		黔东南州雷山县西江镇小龙村
676		黔东南州雷山县永乐镇乔配村

续表

序号	批次	名称
677		黔东南州雷山县永乐镇小开屯村
678		黔东南州雷山县郎德镇乌肖村
679		黔东南州雷山县望丰乡甘益村
680		黔东南州雷山县望丰乡乌江村
681		黔东南州雷山县达地乡乌空村
682		黔东南州雷山县达地乡里勇村
683		黔东南州丹寨县龙泉镇排牙村
684		黔东南州丹寨县龙泉镇高要村
685		黔东南州丹寨县兴仁镇翻仰村
686		黔东南州丹寨县兴仁镇岩英村
687		黔东南州丹寨县兴仁镇乌佐村
688		黔东南州丹寨县排调镇排结村
689		黔东南州丹寨县排调镇刘家寨村
690		黔东南州丹寨县雅灰乡夺鸟村
691	第五批次	黔东南州丹寨县南皋乡清江村
692	（2019-06-06）	黔东南州丹寨县南皋乡九门村
693		黔南州荔波县甲良镇甲良村金对组
694		黔南州平塘县金盆街道苗二河村甲乙寨
695		黔南州平塘县金盆街道吉古村吉古大寨、小米牙寨
696		黔南州三都县三合街道下排正村下排正寨
697		黔南州三都县大河镇轿山村轿山大寨
698		黔南州三都县大河镇五星村者然大寨
699		黔南州三都县大河镇教寨村教寨大寨
700		黔南州三都县普安镇望月村排月寨
701		黔南州三都县普安镇野记村
702		黔南州三都县普安镇总奖村总奖大寨
703		黔南州三都县普安镇鸡照村鸡照大寨
704		黔南州三都县普安镇合心村的刁大寨
705		黔南州三都县都江镇摆鸟村水坳寨
706		黔南州三都县都江镇达荣村达洛寨

序号	批次	名称
707		黔南州三都县都江镇大坝村风柳寨
708		黔南州三都县都江镇高坪村西音寨
709		黔南州三都县都江镇高尧村
710		黔南州三都县都江镇甲雄村
711		黔南州三都县都江镇交德村
712		黔南州三都县都江镇孔荣村排引寨
713		黔南州三都县都江镇岩捞村万响寨
714		黔南州三都县都江镇羊瓮村大中寨
715	第五批次 （2019-06-06）	黔南州三都县都江镇坝辉村里捞寨
716		黔南州三都县中和镇科寨村
717		黔南州三都县中和镇拉佑村鲁寨组
718		黔南州三都县中和镇板良村
719		黔南州三都县中和镇灯光村
720		黔南州三都县中和镇下岳村
721		黔南州三都县中和镇塘赖村二组、三组、四组
722		黔南州三都县中和镇拉旦村
723		黔南州三都县周覃镇和勇村和气寨
724		黔南州三都县九阡镇石板村石板大寨

表 7-2 西南传统村落云南部分

序号	批次	名称
1		曲靖市会泽县娜姑镇白雾村
2		曲靖市罗平县鲁布革布依族苗族乡罗斯村委腊者村
3		玉溪市元江县青龙厂镇它克村
4		保山市隆阳区板桥镇板桥村
5		保山市施甸县姚关镇山邑村
6		保山市腾冲县固东镇和平村
7		保山市腾冲县固东镇顺利村
8		保山市腾冲县和顺镇水碓村
9		昭通市威信县水田乡湾子苗寨村
10		丽江市古城区大东乡大东行政村
11		丽江市古城区金山乡贵峰村
12		丽江市古城区金山乡漾西村
13		丽江市古城区七河乡共和西关村
14		丽江市宁蒗县永宁乡落水村
15	第一批次（2012-12-17）	丽江市永胜县期纳镇谷宇村
16		丽江市永胜县期纳镇清水村
17		丽江市玉龙县白沙乡白沙村
18		丽江市玉龙县宝山乡石头城村
19		丽江市玉龙县石头乡桃园村
20		普洱市江城县整董镇城子三寨村
21		普洱市景东县大街乡三营村
22		普洱市景东县文井镇清凉村梁家组
23		普洱市澜沧县酒井哈尼族乡勐根村老达保组
24		普洱市墨江县联珠镇碧溪古镇村
25		普洱市墨江县那哈乡牛红村委勐嘎村
26		普洱市宁洱县同心乡那柯里村
27		普洱市思茅区龙潭乡龙潭村南本小组
28		临沧市沧源县勐角乡翁丁村
29		临沧市凤庆县鲁史镇鲁史古集村

续表

序号	批次	名称
30		临沧市凤庆县鲁史镇沿河村
31		临沧市临翔区博尚镇大勐准委会勐准组（村）
32		临沧市临翔区博尚镇碗窑村碗窑组
33		临沧市临翔区博尚镇永和村委上永和村
34		临沧市临翔区平村乡那玉村委东岗村
35		临沧市临翔区章驮乡勐旺村委勐旺大寨
36		楚雄彝族自治州姚安县光禄镇西关村
37		红河哈尼族彝族自治州建水县官厅镇苍台村
38		红河哈尼族彝族自治州建水县西庄镇团山村
39		红河哈尼族彝族自治州泸西县永宁乡城子村
40		红河哈尼族彝族自治州弥勒县西三镇可邑村
41		红河哈尼族彝族自治州弥勒县西三镇腻黑村
42		红河哈尼族彝族自治州石屏县宝秀镇郑营村
43		文山壮族苗族自治州麻栗坡县董干镇新寨村委城寨村
44	第一批次 （2012-12-17）	西双版纳傣族自治州景洪市基诺族乡洛特老寨村
45		西双版纳傣族自治州景洪市勐罕镇曼春满村
46		西双版纳傣族自治州勐腊县易武乡十字街村
47		大理白族自治州大理市太邑乡者么村委大村
48		大理白族自治州大理市喜洲镇喜洲村
49		大理白族自治州大理市喜洲镇周城村
50		大理白族自治州剑川县金华镇剑川古城
51		大理白族自治州剑川县沙溪镇寺登村
52		大理白族自治州祥云县禾甸镇大营庄村
53		大理白族自治州祥云县禾甸镇旧邑村
54		大理白族自治州祥云县云南驿镇云南驿村
55		大理白族自治州永平县博南镇曲硐村
56		大理白族自治州永平县博南镇花桥村
57		大理白族自治州永平县杉阳镇杉阳村
58		大理白族自治州云龙县宝丰乡宝丰村
59		大理白族自治州云龙县检槽乡师井村大村

续表

序号	批次	名称
60	第一批次 （2012-12-27）	大理白族自治州云龙县诺邓镇诺邓古村
61		大理白族自治州巍山县永建镇东莲花村
62		德宏傣族景颇族自治州陇川县户撒乡曼东村
63	第二批次 （2013-08-26）	昆明市西山区团结乡乐居村
64		昆明市晋宁县晋城镇福安村
65		昆明市晋宁县双河乡田坝村
66		昆明市晋宁县夕阳乡木鲊村
67		昆明市晋宁县夕阳乡打黑村
68		昆明市晋宁县六街镇新寨村
69		昆明市石林县圭山镇糯黑村
70		曲靖市马龙县旧县镇黄土坡村
71		曲靖市马龙县马鸣乡咨卡村
72		曲靖市陆良县芳华镇雍家村
73		曲靖市师宗县竹基镇淑基村
74		曲靖市师宗县竹基镇大冲村
75		玉溪市江川县江城镇海门村
76		玉溪市通海县河西镇河西村
77		玉溪市通海县高大乡高大社区克呆村
78		玉溪市通海县兴蒙乡北阁下村
79		玉溪市华宁县青龙镇海镜村
80		玉溪市元江县澧江街道龙潭村委会者嘎村
81		玉溪市元江县洼栀乡它才吉村委会坡栀村
82		保山市隆阳区河图镇河村村委会西街
83		保山市隆阳区金鸡乡金鸡村
84		保山市隆阳区金鸡乡育德村
85		保山市隆阳区水寨乡水寨村
86		保山市隆阳区芒宽乡芒龙村
87		保山市施甸县旧城乡和尚田村
88		保山市施甸县由旺镇木榔村
89		保山市施甸县由旺镇银川村

续表

序号	批次	名称
90		保山市施甸县甸阳镇西山村
91		保山市施甸县姚关镇大乌邑村
92		保山市施甸县仁和镇保场村
93		保山市施甸县仁和镇热水塘村
94		保山市腾冲县界头镇新庄村
95		保山市腾冲县界头镇石墙村
96		保山市腾冲县曲石镇江苴古村
97		保山市腾冲县曲石镇箐桥村
98		保山市腾冲县明光镇尖山脚村
99		保山市腾冲县明光镇麻栎社区茶山河河外村
100		保山市腾冲县滇滩镇水城村
101		保山市腾冲县滇滩镇棋盘石村
102		保山市腾冲县滇滩镇烧灰坝村
103		保山市腾冲县固东镇甸苴村
104	第二批次（2013-08-26）	保山市腾冲县固东镇江东社区银杏村
105		保山市腾冲县马站乡和睦村
106		保山市腾冲县猴桥镇老寨村
107		保山市腾冲县北海乡打苴村横寨
108		保山市腾冲县和顺镇大庄社区
109		保山市腾冲县和顺镇十字路社区
110		保山市腾冲县腾越镇油灯村油灯庄
111		保山市腾冲县腾越镇董官村
112		保山市腾冲县腾越镇洞山村
113		保山市腾冲县腾越镇尚家寨村
114		保山市腾冲县腾越镇朝阳村
115		保山市腾冲县腾越镇大宽邑村
116		保山市腾冲县腾越镇吴邑村
117		保山市腾冲县中和镇中营村
118		保山市腾冲县中和镇闫家冲社区
119		保山市腾冲县中和镇新岐村

续表

序号	批次	名称
120		保山市腾冲县中和镇民振村
121		保山市腾冲县中和镇樊家营社区
122		保山市腾冲县中和镇勐蚌社区
123		保山市腾冲县中和镇大村社区
124		保山市腾冲县荷花镇羡多村
125		保山市腾冲县荷花镇甘蔗寨村
126		保山市腾冲县芒棒镇张家村
127		保山市腾冲县五合乡联盟社区帕连寨
128		保山市腾冲县五合乡鹿山村杨家寨
129		保山市腾冲县五合乡腾朗社区小地方
130		保山市腾冲县五合乡五合社区元甫
131		保山市腾冲县五合乡丙弄社区丙弄寨
132		保山市龙陵县龙山镇芒旦村
133		保山市龙陵县象达乡勐蚌村
134	第二批次	保山市昌宁县卡斯乡毛寨村
135	（2013-08-26）	保山市昌宁县温泉乡里睦村
136		保山市昌宁县大田坝乡铁匠寨村
137		保山市昌宁县鸡飞乡珠山村委会大水村
138		保山市昌宁县湾甸乡帕旭村
139		保山市昌宁县耇街乡打平村委会大水塘村
140		保山市昌宁县耇街乡耇街村委会老街子村
141		昭通市昭阳区洒渔镇巡龙村
142		昭通市巧家县药山镇半菁村
143		昭通市巧家县老店镇老店村
144		昭通市永善县大兴镇大兴村驿马一社
145		昭通市绥江县南岸镇南岸村
146		昭通市镇雄县罗坎镇发达村
147		昭通市镇雄县罗坎镇凤翥村
148		丽江市古城区金山乡良美村委会启良村
149		丽江市古城区金安镇义新村委会五坝里村

续表

序号	批次	名称
150		丽江市古城区七河镇羊见村委会金安村
151		丽江市古城区七河镇新民村委会新民下村
152		丽江市古城区七河镇共和村委会南溪村
153		丽江市古城区七河镇共和村委会东关村
154		丽江市古城区束河街道龙泉村委会
155		丽江市玉龙县黄山镇文华村委会文华中村
156		丽江市玉龙县黄山镇白华村委会吉来村
157		丽江市玉龙县石鼓镇石鼓村委会海螺村
158		丽江市玉龙县石鼓镇大新村委会竹园村
159		丽江市玉龙县石鼓镇仁和村委会石支村
160		丽江市玉龙县白沙镇玉湖村委会玉湖村
161		丽江市玉龙县拉市镇海南村委会丰乐村
162		丽江市玉龙县拉市镇南尧村委会南尧村
163		丽江市永胜县三川镇翠湖村委会翠湖村
164	第二批次 （2013-08-26）	丽江市宁蒗县拉伯乡加泽村委会油米村
165		丽江市宁蒗县永宁乡温泉村委会瓦拉别
166		普洱市宁洱县宁洱镇宽宏村委会困鹿山村民小组
167		普洱市宁洱县勐先镇蚌扎村
168		普洱市宁洱县勐先镇上宣德村
169		普洱市墨江县联珠镇癸能村委会大寨村
170		普洱市景东县锦屏镇黄草岭村
171		普洱市景东县大街镇文山村田心村民小组
172		普洱市景东县林街乡林街村回营村民小组
173		普洱市景谷县景谷镇纪家村
174		普洱市江城县整董镇整董村大河边组
175		普洱市江城县整董镇整董村老伯寨
176		普洱市江城县整董镇整董村曼滩组
177		普洱市江城县整董镇整董村大青树
178		普洱市江城县整董镇整董村力哨坡
179		普洱市江城县整董镇整董村麻木树

续表

序号	批次	名称
180		普洱市江城县国庆乡摸等村博别寨组
181		普洱市澜沧县上允镇上允村老街组
182		普洱市澜沧县惠民镇景迈村糯干组
183		普洱市澜沧县惠民镇芒景村
184		普洱市澜沧县惠民镇芒景村翁基组
185		普洱市西盟县岳宋乡岳宋村永老寨
186		临沧市临翔区南美乡南美村委会南楞田村
187		临沧市临翔区圈内乡斗阁村委会斗阁大寨
188		临沧市凤庆县洛党镇箐头村委会石洞寺村
189		临沧市凤庆县新华乡紫薇村平坦组
190		临沧市云县幸福镇邦信村
191		临沧市云县茂兰镇茂兰社区
192		临沧市云县大寨镇文丰村
193		临沧市永德县乌木龙乡二道桥俐侎部落村
194	第二批次 （2013-08-26）	临沧市双江县勐库镇冰岛村
195		临沧市沧源县勐懂镇芒摆村委会永点村
196		临沧市沧源县勐懂镇芒摆村委会永让村
197		临沧市沧源县芒卡镇湖广村
198		楚雄彝族自治州楚雄市子午镇以口夸村
199		楚雄彝族自治州双柏县法脿镇雨龙村委会李方村
200		楚雄彝族自治州牟定县安乐乡小屯村委会小屯村
201		楚雄彝族自治州牟定县蟠猫乡蟠猫村委会母鲁打村
202		楚雄彝族自治州禄丰县金山镇炼象关村
203		楚雄彝族自治州禄丰县妥安乡琅井村
204		红河哈尼族彝族自治州蒙自市草坝镇碧色寨村
205		红河哈尼族彝族自治州蒙自市新安所镇新安所村
206		红河哈尼族彝族自治州建水县西庄镇新房村
207		红河哈尼族彝族自治州红河县洛恩乡朋洛村
208		红河哈尼族彝族自治州红河县乐育乡龙车村
209		红河哈尼族彝族自治州红河县乐育乡坝美村

续表

序号	批次	名称
210		红河哈尼族彝族自治州红河县乐育乡尼美村
211		红河哈尼族彝族自治州红河县乐育乡桂东村
212		红河哈尼族彝族自治州红河县乐育乡玉古村
213		红河哈尼族彝族自治州红河县浪堤乡马龙村
214		文山壮族苗族自治州砚山县者腊乡批洒村
215		文山壮族苗族自治州马关县马白镇马洒村
216		文山壮族苗族自治州马关县八寨镇街脚村
217		文山壮族苗族自治州丘北县日者镇河边村
218		文山壮族苗族自治州丘北县平寨乡革雷村
219		文山壮族苗族自治州丘北县膩脚乡老寨村
220		文山壮族苗族自治州丘北县温浏乡石别村
221		文山壮族苗族自治州广南县坝美镇革乍村委会汤拿村
222		西双版纳傣族自治州景洪市勐龙镇曼龙扣村委会曼飞龙村
223	第二批次（2013-08-26）	西双版纳傣族自治州景洪市勐罕镇曼听村委会曼乍村
224		西双版纳傣族自治州景洪市嘎洒镇曼掌宰村委会曼景保村
225		西双版纳傣族自治州景洪市基诺族乡巴亚村委会巴坡村
226		西双版纳傣族自治州景洪市基诺族乡巴亚村委会巴卡老寨
227		西双版纳傣族自治州景洪市基诺族乡巴亚村委会扎吕村
228		西双版纳傣族自治州景洪市基诺族乡巴亚村委会巴亚中寨
229		西双版纳傣族自治州景洪市大渡岗乡大荒坝村委会勐满村
230		西双版纳傣族自治州勐海县打洛镇勐景莱村
231		西双版纳傣族自治州勐海县西定乡章朗村
232		西双版纳傣族自治州勐腊县勐腊镇曼龙勒村
233		西双版纳傣族自治州勐腊县勐腊镇曼旦村
234		大理白族自治州大理市下关镇刘官厂村委会凤阳邑村
235		大理白族自治州大理市大理镇龙龛村委会龙下登村
236		大理白族自治州大理市凤仪镇丰乐村北汤天村

续表

序号	批次	名称
237		大理白族自治州大理市喜洲镇沙村村委会城北村
238		大理白族自治州大理市喜洲镇庆洞村
239		大理白族自治州大理市挖色镇大城村
240		大理白族自治州大理市双廊镇双廊村
241		大理白族自治州大理市双廊镇长育村
242		大理白族自治州大理市太邑彝族乡桃树村委会坦庑么
243		大理白族自治州祥云县刘厂镇大波那村委会大波那村
244		大理白族自治州宾川县金牛镇柳家湾华侨社区
245		大理白族自治州宾川县大营镇萂村村
246		大理白族自治州弥渡县密祉乡文盛街村
247		大理白族自治州南涧县公郎镇罗佰克茶园村
248		大理白族自治州巍山县南诏镇新村村委会新村
249		大理白族自治州巍山县庙街镇阿朵村
250		大理白族自治州巍山县庙街镇利克村
251	第二批次 （2013-08-26）	大理白族自治州巍山县庙街镇盟石村委会陈德厂村
252		大理白族自治州巍山县大仓镇新胜村委会啄木郎村
253		大理白族自治州巍山县永建镇马米厂村委会米姓村
254		大理白族自治州巍山县马鞍山乡青云村
255		大理白族自治州云龙县关坪乡字衙村
256		大理白族自治州云龙县长新乡长春村
257		大理白族自治州云龙县长新乡包罗村大达社
258		大理白族自治州云龙县检槽乡检槽村委会大村
259		大理白族自治州云龙县苗尾傈僳族乡表村村委会袁村
260		大理白族自治州云龙县苗尾傈僳族乡松坪村
261		大理白族自治州剑川县金华镇三河村
262		大理白族自治州剑川县金华镇向湖村
263		大理白族自治州剑川县沙溪镇甸头村
264		大理白族自治州剑川县沙溪镇四联村委会段家登村
265		大理白族自治州剑川县沙溪镇石龙村
266		大理白族自治州剑川县甸南镇天马村

续表

序号	批次	名称
267		大理白族自治州剑川县甸南镇龙门村
268		大理白族自治州剑川县弥沙乡文新村岩洞村
269		大理白族自治州剑川县弥沙乡弥新村弥井村
270		大理白族自治州鹤庆县松桂镇长头村
271		大理白族自治州鹤庆县松桂镇龙珠村委会军营村
272		大理白族自治州鹤庆县松桂镇松桂村委会街南村
273		大理白族自治州鹤庆县金墩乡和邑村
274	第二批次 (2013-08-26)	大理白族自治州鹤庆县六合乡五星村五星大村
275		大理白族自治州鹤庆县六合乡灵地村灵地大村
276		德宏傣族景颇族自治州梁河县九保乡九保村
277		德宏傣族景颇族自治州梁河县河西乡邦读村
278		德宏傣族景颇族自治州盈江县旧城镇旧城村委会大寨村
279		德宏傣族景颇族自治州盈江县太平镇芒允村
280		德宏傣族景颇族自治州盈江县新城乡繁勐村委会芒别村
281		怒江傈僳族自治州泸水县鲁掌镇鲁祖村
282		昆明市西山区团结街道办事处永靖社区居委会白石岩村
283		昆明市东川区铜都街道办事处箐口村委会汪家箐村
284		昆明市晋宁县双河乡双河营村委会
285		昆明市晋宁县夕阳乡田房村委会大摆衣村
286		昆明市晋宁县夕阳乡保安村委会雷响田村
287		昆明市晋宁县夕阳乡新山村委会鸭打甸村
288	第三批次 (2014-11-17)	昆明市晋宁县夕阳乡一字格村委会
289		昆明市晋宁县六街镇干海村委会
290		昆明市富民县赤鹫镇平地村委会平地村
291		昆明市宜良县匡远街道办事处福谊社区居委会墩子村
292		昆明市嵩明县牛栏江镇荒田村委会马鞍山村
293		昆明市禄劝县撒营盘镇撒老乌村委会
294		昆明市安宁市禄脿街道办事处禄脿村委会禄脿村
295		曲靖市罗平县富乐镇富乐村委会富乐村
296		曲靖市沾益县大坡乡河尾村委会大村

续表

序号	批次	名称
297		曲靖市宣威市杨柳乡可渡村委会关上村
298		玉溪市澄江县海口镇松元村委会石门村
299		玉溪市通海县里山乡大黑冲村委会大黑冲村
300		玉溪市华宁县宁州街道办事处冲麦村委会冲麦村
301		玉溪市华宁县青龙镇落梅村委会来保康村
302		玉溪市峨山县塔甸镇大西村委会戈嘎村
303		玉溪市峨山县塔甸镇亚尼村委会伙枇杷村
304		保山市隆阳区潞江镇芒旦村委会老城村
305		保山市隆阳区瓦房乡党东村委会党东村
306		保山市施甸县旧城乡芭蕉林村委会小中山村
307		保山市施甸县旧城乡旧城村委会大坪子村
308		保山市施甸县木老元乡哈寨村委会哈寨村
309		保山市施甸县木老元乡木老元村委会下木老元村
310		保山市腾冲县滇滩镇河西社区村委会
311	第三批次	保山市腾冲县界头镇大塘社区村委会
312	（2014-11-17）	保山市腾冲县界头镇大园子社区村委会
313		保山市腾冲县界头镇永安社区村委会
314		保山市腾冲县明光镇中塘社区村委会白石岩村
315		保山市腾冲县明光镇中塘社区村委会丰盛坝村
316		保山市腾冲县芒棒镇老桥头社区桥头村
317		保山市腾冲县荷花镇朗蒲社区村委会
318		保山市腾冲县荷花镇民团社区村委会坝派村
319		保山市腾冲县荷花镇肖庄社区村委会荷花池村
320		保山市腾冲县马站乡三联社区村委会碗窑村
321		保山市腾冲县清水乡良盈社区村委会蔺家寨村
322		保山市腾冲县清水乡良盈社区村委会镇邑关村
323		保山市腾冲县蒲川乡曼朵社区曼堆村
324		保山市腾冲县新华乡龙洒社区龙洒村
325		保山市腾冲县新华乡新山社区坝角村
326		保山市龙陵县镇安镇大坝社区向阳寨村

续表

序号	批次	名称
327		保山市龙陵县勐糯镇大寨村委会大寨村
328		保山市龙陵县象达乡棠梨坪社区中寨村
329		保山市昌宁县漭水镇明华村委会徐家寨村
330		保山市昌宁县柯街镇扁瓦村委会秀雅村
331		保山市昌宁县田园镇勐廷社区大寨子村
332		保山市昌宁县珠街乡羊街村委会子原村
333		保山市昌宁县耈街乡新厂村委会汪家箐村
334		昭通市威信县高田乡新华村委会石坝子村
335		丽江市古城区束河街道黄山社区忠信村
336		丽江市古城区束河街道中济社区普济村
337		丽江市古城区文化街道东江居委会向阳村
338		丽江市古城区七河镇五峰村委会中排村
339		丽江市古城区七河镇新民村委会上村
340		丽江市玉龙县黄山镇五台村委会夏禾下束河村
341	第三批次 （2014-11-17）	丽江市玉龙县拉市镇海东村委会梅子村
342		丽江市玉龙县拉市镇吉余村委会余乐村
343		丽江市玉龙县拉市镇均良村委会打渔村
344		丽江市玉龙县拉市镇美泉村委会美泉村
345		丽江市玉龙县石头乡四华村委会龙华村
346		丽江市玉龙县大具乡培良村委会营盘村
347		丽江市玉龙县宝山乡吾木村委会吾木村
348		丽江市玉龙县龙蟠乡新联村委会土官村
349		丽江市玉龙县龙蟠乡兴文村委会宏文村
350		丽江市永胜县期纳镇文凤村委会果园南村
351		丽江市永胜县程海镇海腰村委会蒲米村
352		丽江市永胜县六德乡双河村委会双河二村
353		丽江市永胜县东山乡河东村委会妈知务芭啰村
354		丽江市永胜县松坪乡下啦嘛村委会看牦牛村
355		普洱市镇沅县勐大镇文仆村委会平掌上村
356		普洱市镇沅县勐大镇英德村委会英德村

续表

序号	批次	名称
357		普洱市镇沅县镇太镇太和村委会紫马街村
358		普洱市孟连县娜允镇芒街村委会傣族村
359		普洱市孟连县娜允镇芒掌村委会猛外村
360		普洱市孟连县公信乡糯董村委会糯董老寨村
361		普洱市孟连县芒信镇海东村委会笼帅村
362		普洱市孟连县芒信镇芒卡村委会芒畔村
363		普洱市澜沧县糯福乡阿里村委会老迈寨村
364		临沧市凤庆县诗礼乡古墨村委会古墨村
365		临沧市凤庆县诗礼乡清华村委会中兴村
366		临沧市云县茂兰镇哨街村委会哨街村
367		临沧市永德县永康镇忙腊村委会旧城村
368		临沧市永德县大山乡忙兑村委会大忙简村
369		临沧市镇康县凤尾镇芦子园村委会小落水村
370		临沧市耿马傣族佤族自治县孟定镇芒团村
371	第三批次	临沧市沧源县勐来乡丁来村委会丁来村
372	（2014-11-17）	楚雄州楚雄市吕合镇吕合村委会吕合村
373		楚雄州楚雄市吕合镇中屯村委会马家庄村
374		楚雄州牟定县江坡镇江坡村委会江坡大村
375		楚雄州永仁县宜就镇外普拉村委会大村
376		楚雄州永仁县中和镇中和村委会中和村
377		楚雄州武定县猫街镇猫街村委会咪三咱村
378		楚雄州武定县插甸乡水城村委会水城村
379		楚雄州武定县发窝乡大西邑村委会大西邑村
380		楚雄州武定县白路乡平地村委会木高古村
381		楚雄州武定县万德乡万德村委会万德村
382		楚雄州武定县己衣乡己衣村委会己衣大村
383		楚雄州禄丰县黑井镇黑井村委会板桥村
384		楚雄州禄丰县黑井镇黑井村委会黑井村
385		红河州个旧市贾沙乡陡岩村委会陡岩村
386		红河州屏边县白河乡胜利村委会洒卡村

续表

序号	批次	名称
387		红河州建水县临安镇韩家村委会碗窑村
388		红河州建水县官厅镇牛滚塘村委会柑子树村
389		红河州建水县西庄镇白家营村委会阿瓦寨村
390		红河州建水县西庄镇他广村委会贝贡村
391		红河州建水县西庄镇荒地村委会荒地村
392		红河州建水县西庄镇马坊村委会马坊村
393		红河州建水县西庄镇马坊村委会汤伍村
394		红河州建水县西庄镇马家营村委会马家营村
395		红河州建水县西庄镇马家营村委会绍伍村
396		红河州建水县南庄镇小龙潭村委会钱家湾村
397		红河州建水县岔科镇岔科村委会双见峰村
398		红河州建水县曲江镇欧营村委会欧营村
399		红河州建水县面甸镇红田村委会谷家山村
400		红河州建水县普雄乡纸厂村委会上纸厂村
401	第三批次 （2014-11-17）	红河州建水县塔瓦村委会塔瓦村
402		红河州建水县李浩寨乡温塘村委会湾塘村
403		红河州建水县坡头乡坡头村委会黄草坝村
404		红河州建水县坡头乡回新村委会回新村
405		红河州建水县盘江乡苏租村委会本善村
406		红河州建水县甸尾乡高楼寨村委会高楼寨村
407		红河州石屏县异龙镇陶村村委会符家营村
408		红河州石屏县异龙镇豆地湾村委会罗色湾村
409		红河州石屏县异龙镇大瑞城村委会小瑞城村
410		红河州石屏县异龙镇冒合村委会岳家湾村
411		红河州石屏县宝秀镇哥白孔村委会小冲村
412		红河州石屏县坝心镇白浪村委会白浪村
413		红河州石屏县坝心镇新街村委会关上村
414		红河州石屏县坝心镇老街村委会龙港村
415		红河州石屏县坝心镇芦子沟村委会小高田、苏家寨村
416		红河州石屏县哨冲镇水瓜冲村委会慕善村

续表

序号	批次	名称
417		红河州石屏县哨冲镇水瓜冲村委会水瓜冲村
418		红河州石屏县牛街镇迷亩龙村委会迷亩龙村
419		红河州石屏县牛街镇他腊村委会他腊村
420		红河州石屏县牛街镇邑黑吉村委会邑黑吉村
421		红河州弥勒县西一镇起飞村委会红万村
422		红河州元阳县新街镇爱春村委会阿者科村
423		红河州元阳县新街镇土锅寨村委会箐口村
424		红河州元阳县攀枝花乡一碗水村委会垭口村
425		红河哈尼族彝族自治州红河县迤萨镇东门街村
426		红河州红河县甲寅乡甲寅村委会甲寅村
427		红河州红河县甲寅乡他撒村委会作夫村
428		红河州红河县大羊街乡大妥赊村委会大妥赊村
429		红河州红河县大羊街乡大羊街村委会大羊街村
430		红河州红河县驾车乡架车村委会哈冲上寨
431	第三批次	红河州红河县驾车乡扎垭村委会妥女村
432	（2014-11-27）	红河州红河县垤玛乡曼培村委会八哈村
433		红河州红河县垤玛乡曼培村委会树落村
434		红河州红河县垤玛乡牛红村委会腊约村
435		红河州河口县桥头乡桥头村委会白黑村
436		文山州广南县者兔乡者妈村委会里夺村
437		文山州广南县者兔乡者兔村委会西牙村
438		文山州广南县者兔乡者妈村委会者妈村
439		文山州广南县者太乡未昔村委会上米哈村
440		文山州广南县者太乡未昔村委会下米哈村
441		大理州大理市湾桥镇中庄村委会古生村
442		大理州大理市银桥镇五里桥村委会沙栗木村
443		大理州大理市上关镇青索村委会
444		大理州漾濞县苍山西镇上街村委会
445		大理州宾川县宾居镇宾居村委会
446		大理州宾川县州城镇老赵村委会

序号	批次	名称
447		大理州宾川县州城镇州城村委会
448		大理州宾川县鸡足山镇上沧村委会
449		大理州宾川县鸡足山镇沙址村委会寺前村
450		大理州宾川县平川镇朱苦拉村委会
451		大理州弥渡县牛街乡牛街村委会
452		大理州南涧县南涧镇南涧街居委会向阳村
453		大理州南涧县公郎镇沙乐村委会旧村
454		大理州南涧县宝华镇虎街村委会虎街村
455		大理州南涧县无量山镇红星村委会黑么苴村
456		大理州巍山县庙街镇盟石村委会山塔村
457		大理州巍山县永建镇永胜村委会回辉登村
458		大理州永平县水泄乡阿波村委会阿波寨村
459		大理州云龙县漕涧镇漕涧村委会
460		大理州云龙县诺邓镇和平村委会天井村
461	第三批次	大理州云龙县诺邓镇象麓村委会大井村
462	（2014-11-17）	大理州云龙县功果桥镇下坞村委会
463		大理州洱源县茈碧湖镇碧云村委会碧云村
464		大理州洱源县茈碧湖镇海口村委会梨园村
465		大理州洱源县邓川镇旧州村委会旧州村
466		大理州洱源县凤羽镇凤翔村委会
467		大理州剑川县金华镇庆华村委会
468		大理州剑川县金华镇桑岭村委会
469		大理州剑川县马登镇东华村委会
470		大理州剑川县马登镇西宅村委会
471		大理州剑川县马登镇新华村委会
472		大理州剑川县沙溪镇鳌凤村委会
473		大理州剑川县沙溪镇华龙村委会
474		大理州剑川县沙溪镇长乐村委会
475		大理州剑川县弥沙乡文新村委会横场村
476		大理州鹤庆县草海镇新华村委会

续表

序号	批次	名称
477	第三批次 （2014-11-17）	大理州鹤庆县金墩乡银河村委会金翅禾村
478		德宏州瑞丽市勐卯镇姐东村委会喊沙村
479		德宏州芒市勐戛镇勐戛村委会勐戛村
480		德宏州芒市风平镇风平村委会弄么村
481		德宏州盈江县支那乡支那村委会硝塘村
482		怒江州兰坪县通甸镇黄松村委会
483	第四批次 （2016-12-09）	曲靖市麒麟区珠街街道办事处箐口村
484		曲靖市麒麟区越州镇潦浒社区大村
485		曲靖市陆良县马街镇良迪村
486		曲靖市沾益县花山街道松林村
487		曲靖市宣威市落水镇宁营自然村
488		玉溪市红塔区春和街道黄草坝村委会玉碗水村
489		玉溪市通海县河西镇大回村
490		玉溪市通海县里山乡小荒田村
491		玉溪市通海县兴蒙乡桃家嘴村
492		玉溪市华宁县宁州街道办事处碗窑村
493		玉溪市易门县小街乡歪头山村
494		玉溪市峨山县甸中镇八字岭村
495		玉溪市峨山县甸中镇栖木墀村
496		玉溪市峨山县塔甸镇大西村
497		玉溪市峨山县岔河乡安居村
498		玉溪市峨山县富良棚乡雨果村
499		玉溪市新平县戛洒镇大平掌小组村
500		玉溪市元江县那诺乡二掌村
501		玉溪市元江县洼垤乡邑慈碑村
502		保山市隆阳区蒲缥镇塘子沟村
503		保山市隆阳区水寨乡平坡村
504		保山市腾冲县腾越镇马常村
505		保山市腾冲县腾越镇热海村
506		保山市腾冲县腾越镇洞坪村

序号	批次	名称
507		保山市腾冲县清水乡大寨村
508		保山市腾冲县清水乡荆陈社区
509		保山市龙陵县象达乡营坡社区南海寨村
510		昭通市巧家县小河镇拖车村
511		昭通市巧家县大寨镇车坪村
512		昭通市威信县双河乡后房村
513		丽江市古城区九子海村
514		丽江市玉龙县巨甸镇拉市坝村
515		丽江市玉龙县塔城乡拉市落村
516		丽江市宁蒗县翠玉乡培德村
517		普洱市镇沅县振太镇文索村杨家组
518		普洱市澜沧县南岭乡勐炳村龙塘老寨村
519		临沧市凤庆县鲁史镇老道箐村老议山自然村
520		临沧市凤庆县鲁史镇金鸡村先锋自然村
521	第四批次 (2016-12-09)	临沧市凤庆县诗礼乡永兴村
522		临沧市凤庆县诗礼乡三合学堂村
523		临沧市云县后箐乡后箐村
524		临沧市沧源县单甲乡嘎多村
525		楚雄州武定县高桥镇老滔村
526		楚雄州禄丰县勤丰镇马街村委会旧县村
527		红河州蒙自市鸣鹫镇鸣鹫村
528		红河州蒙自市老寨乡老寨村
529		红河州建水县西庄镇东者村
530		红河州建水县普雄乡藤子寨村
531		红河州建水县坡头乡咪的村
532		红河州建水县利民乡小暮阳村
533		红河州建水县李浩寨乡马占户村
534		红河州建水县甸尾乡泥冲村
535		红河州建水县甸尾乡期租碑村
536		红河州石屏县异龙镇大水村

续表

序号	批次	名称
537		红河州石屏县异龙镇冒合村
538		红河州石屏县异龙镇松村
539		红河州石屏县异龙镇太岳村
540		红河州石屏县异龙镇李家寨村
541		红河州石屏县异龙镇豆地湾村
542		红河州石屏县宝秀镇宝秀村
543		红河州石屏县宝秀镇张本寨村
544		红河州石屏县宝秀镇吴营村
545		红河州石屏县坝心镇新街村
546		红河州石屏县龙朋镇桃园村
547		红河州石屏县龙朋镇大寨村
548		红河州石屏县龙朋镇龙朋村
549		红河州石屏县龙武镇坡头甸村
550		红河州石屏县哨冲镇莫测甸村
551	第四批次 （2016-12-09）	红河州石屏县哨冲镇龙黑村
552		红河州石屏县哨冲镇哨冲村
553		红河州石屏县哨冲镇曲左村
554		红河州石屏县哨冲镇撒妈鲊村
555		红河州弥勒市西一镇滥泥菁村
556		红河州泸西县金马镇嘉乐村
557		红河州泸西县旧城镇黑舍村
558		红河州泸西县午街铺镇普泽村
559		红河州泸西县白水镇小红杏村
560		红河州泸西县向阳乡小沙马村
561		红河州泸西县三塘乡大阿定村
562		红河州元阳县新街镇大鱼塘村
563		红河州元阳县大坪乡太阳老寨村
564		红河州红河县迤萨镇他竜村
565		红河州红河县甲寅乡阿撒村
566		红河州红河县大羊街乡小安赊村

续表

序号	批次	名称
567		文山州广南县者兔乡下者偏村
568		文山州广南县者兔乡上者偏村
569		文山州广南县者兔乡那坝村
570		大理州大理市喜洲镇上关村
571		大理州祥云县下庄镇大仓村
572		大理州宾川县力角镇中营村
573		大理州宾川县平川镇盘古村
574		大理州弥渡县寅街镇朵祜村
575		大理州弥渡县寅街镇大庄村
576		大理州弥渡县苴力镇大寺村
577		大理州巍山县庙街镇顾旗厂村
578		大理州巍山县大仓镇回营村
579		大理州巍山县巍宝山乡玉碗水村
580	第四批次 （2016-12-09）	大理州巍山县五印乡鼠街村
581		大理州云龙县白石镇顺荡村
582		大理州洱源县茈碧湖镇松鹤村
583		大理州洱源县乔后镇老街村
584		大理州洱源县牛街乡牛街村
585		大理州鹤庆县辛屯镇逢密村
586		大理州鹤庆县金墩乡金登村
587		德宏州芒市遮放镇芒丙村
588		德宏州芒市遮放镇遮冒村
589		德宏州芒市三台山乡出冬瓜村
590		德宏州芒市轩岗乡芒项村
591		德宏州盈江县铜壁关乡松克村
592		德宏州盈江县盏西镇扒欠村
593		怒江州贡山县丙中洛镇甲生村
594		怒江州贡山县丙中洛镇秋那桶村
595	第五批次 （2019-06-06）	曲靖市罗平县钟山乡普理村白古村
596		曲靖市会泽县大井镇里可村大蒿地小组

续表

序号	批次	名称
597		玉溪市易门县六街街道旧县村
598		玉溪市易门县十街乡十街村
599		玉溪市易门县小街乡甲浦村核桃箐村
600		玉溪市峨山县甸中镇甸尾村
601		玉溪市峨山县岔河乡安居村青龙村
602		玉溪市峨山县大龙潭乡迭所村大塔克冲村
603		玉溪市新平县漠沙镇曼线村南薅村
604		玉溪市元江县羊街乡羊街村
605		保山市隆阳区潞江镇芒颜村坪河村
606		保山市隆阳区瓦马乡拉攀村
607		保山市龙陵县象达镇象达村小石房村
608		保山市昌宁县珠街乡金宝村银宝村
609		保山市腾冲市腾越镇玉璧村
610		保山市腾冲市腾越镇盈水村
611	第五批次 （2019-06-06）	保山市腾冲市固东镇小甸村
612		保山市腾冲市固东镇爱国村坡脚村
613		保山市腾冲市猴桥镇猴桥村黑泥潭国门新村
614		保山市腾冲市猴桥镇永兴村
615		保山市腾冲市界头镇永乐村
616		保山市腾冲市明光镇顺龙村松山村
617		保山市腾冲市明光镇东营村
618		保山市腾冲市明光镇中塘村二尖山村
619		保山市腾冲市中和镇新街村郭家营村
620		保山市腾冲市芒棒镇桥街村
621		保山市腾冲市芒棒镇窜龙村
622		保山市腾冲市芒棒镇郑山村甘露寺村
623		保山市腾冲市荷花镇雨伞村
624		保山市腾冲市荷花镇明朗村
625		保山市腾冲市荷花镇肖庄村肖庄老寨子村
626		保山市腾冲市北海乡双海村

续表

序号	批次	名称
627		保山市腾冲市清水乡良盈村
628		保山市腾冲市清水乡三家村
629		保山市腾冲市清水乡驼峰村
630		保山市腾冲市五合乡金塘村金塘寨村
631		保山市腾冲市五合乡联盟村畹岭寨村
632		保山市腾冲市新华乡中心村
633		昭通市永善县大兴镇滨江社区白雕村
634		昭通市威信县扎西镇龙井社区老街村
635		丽江市玉龙县黎明乡中兴村柏木村、木瓜村
636		丽江市永胜县程海镇兴仁村青草湾村
637		临沧市永德县班卡乡班卡村
638		临沧市永德县大山乡纸厂村
639		楚雄州大姚县桂花镇大村村塔芭谷么村
640		红河州蒙自市冷泉镇冷泉村冯家寨村
641	第五批次	红河州弥勒市西一镇中和村黑路丫二村
642	(2019-06-06)	红河州弥勒市西二镇矣维村乐多上寨、乐多下寨
643		红河州弥勒市西二镇四道水村三道水村
644		红河州建水县岔科镇二龙村王凤庄村
645		红河州建水县普雄乡龙岔村大寨村、两岔河村、仓房村
646		红河州建水县坡头乡大石洞村炭山村
647		红河州石屏县异龙镇弥太柏村朱冲村
648		红河州石屏县宝秀镇许刘营村大杨营村、盘营村
649		红河州石屏县宝秀镇朱洼子村白洒坟村
650		红河州石屏县坝心镇坝心村
651		红河州石屏县坝心镇海东村石缸村
652		红河州石屏县坝心镇老街村陆来村
653		红河州石屏县牛街镇老旭甸村
654		红河州元阳县新街镇全福庄村全福庄中寨村
655		红河州元阳县牛角寨镇果期村大顺寨村
656		红河州绿春县牛孔镇牛孔村

续表

序号	批次	名称
657		文山州广南县者兔乡者莫村马碧村、革里村
658		文山州广南县者兔乡者妈村板江村
659		文山州广南县者太乡大田村蚌古村
660		西双版纳州景洪市勐罕镇曼景村
661		西双版纳州景洪市勐罕镇曼累讷村曼远村
662		大理州祥云县下庄镇金旦村金旦大村
663		大理州祥云县刘厂镇王家庄村
664		大理州弥渡县红岩镇大营村古城村
665		大理州弥渡县密祉镇兴隆村
666		大理州巍山县永建镇永乐村大五茂林村
667		大理州巍山县永建镇永胜村箐门口村
668		大理州永平县杉阳镇杉阳村街头村
669		大理州永平县杉阳镇岩洞村湾子村
670		大理州永平县龙街镇龙街村老街子村
671	第五批次 （2019-06-06）	大理州剑川县金华镇永丰村
672		大理州剑川县金华镇金和村
673		大理州剑川县老君山镇新生村
674		大理州剑川县羊岑乡兴文村
675		大理州剑川县象图乡象图村
676		大理州鹤庆县辛屯镇士庄村
677		大理州鹤庆县草海镇新峰村东登村
678		大理州鹤庆县草海镇彭屯村
679		大理州鹤庆县西邑镇奇峰村下营村
680		大理州鹤庆县金墩乡化龙村
681		德宏州盈江县支那乡芒嘎村
682		德宏州盈江县支那乡东村达海村
683		德宏州陇川县清平乡清平村中么村
684		怒江州泸水市老窝镇中元村
685		怒江州兰坪县营盘镇新华村
686		怒江州兰坪县河西乡共兴村高轩卢村
687		怒江州兰坪县河西乡箐花村玉狮场村

表 7-3　西南传统村落广西部分

序号	批次	名称
1		南宁市江南区江西镇扬美村
2		柳州市融水苗族自治县拱洞乡平卯村
3		柳州市融水苗族自治县四荣乡东田村
4		柳州市融水苗族自治县四荣乡荣地村
5		柳州市三江侗族自治县丹洲镇丹洲村
6		柳州市三江侗族自治县独峒乡高定村
7		柳州市三江侗族自治县林溪乡高友村
8		桂林市龙胜各族自治县和平乡龙脊村
9		桂林市灌阳县洞井瑶族乡洞井村
10		桂林市灌阳县水车乡官庄村
11		桂林市灌阳县新街乡江口村
12		桂林市荔蒲县马岭镇永明村小青山屯
13		桂林市临桂县四塘乡横山村
14	第一批次	桂林市灵川县潮田乡太平村
15	（2012-12-17）	桂林市灵川县大圩镇熊村
16		桂林市灵川县定江镇路西村
17		桂林市灵川县灵田乡长岗岭村
18		桂林市灵川县灵田乡迪塘村
19		桂林市灵川县青狮潭镇老寨村
20		桂林市灵川县青狮潭镇江头村
21		桂林市灵川县三街镇溶流上村
22		桂林市平乐县沙子镇沙子村
23		桂林市兴安县白石乡水源头村
24		桂林市兴安县漠川乡榜上村
25		桂林市阳朔县白沙镇旧县村
26		桂林市阳朔县兴坪镇渔村
27		钦州市灵山县佛子镇大芦村
28		玉林市北流市民乐镇萝村
29		玉林市玉州区城北街道高山村

续表

序号	批次	名称
30		百色市隆林各族自治县金钟山乡平流屯
31		百色市那坡县城厢镇达腊屯
32		百色市西林县马蚌乡浪吉村那岩屯
33		贺州市钟山县燕塘镇玉坡村
34	第一批次 （2012-12-17）	贺州市富川瑶族自治县朝东镇秀水村
35		贺州市富川瑶族自治县朝东镇福溪村
36		贺州市富川瑶族自治县新华乡虎马岭村
37		贺州市平桂管理区鹅塘镇芦岗村
38		贺州市钟山县回龙镇龙道村
39		来宾市象州县罗秀镇纳禄村
40		南宁市江南区江西镇同新村木村坡
41		南宁市江南区江西镇同江村三江坡
42		南宁市横县平朗乡笔山村
43		柳州市三江侗族自治县林溪乡平岩村
44		桂林市阳朔县高田镇龙潭村
45		桂林市阳朔县高田镇朗梓村
46		桂林市阳朔县普益乡留公村
47		桂林市临桂县会仙镇旧村
48		桂林市灵川县大圩镇上桥村委会上桥村
49	第二批次 （2013-08-26）	桂林市灵川县大圩镇廖家村委会毛村
50		桂林市灵川县青狮潭镇东源村委会新寨村
51		桂林市灵川县海洋乡大庙塘村委会大栖木湾村
52		桂林市永福县罗锦镇崇山村
53		桂林市灌阳县文市镇月岭村
54		桂林市灌阳县水车乡伍家湾村
55		桂林市平乐县张家镇榕津村
56		防城港市防城区大菉镇那厚村
57		钦州市灵山县新圩镇萍塘村
58		钦州市灵山县石塘镇苏村
59		钦州市浦北县小江镇平马村

续表

序号	批次	名称
60		玉林市北流市新圩镇新圩村第五组
61		贺州市八步区莲塘镇仁化村
62		贺州市八步区开山镇开山村上莫寨村
63		贺州市八步区信都镇祉洞村
64	第二批次	贺州市钟山县石龙镇松桂村
65	(2013-08-26)	贺州市钟山县清塘镇英家村英家街
66		贺州市富川瑶族自治县莲山镇大莲塘村
67		贺州市富川瑶族自治县葛坡镇深坡村
68		河池市大化瑶族自治县板升乡弄立村二队
69		来宾市金秀瑶族县六巷乡下古陈村
70		桂林市灌阳县灌阳镇孔家村
71		桂林市灌阳县灌阳镇仁义村委会唐家屯
72		桂林市灌阳县文市镇达溪村
73		桂林市灌阳县文市镇岩口村
74		桂林市灌阳县新街镇青箱村
75		桂林市灌阳县水车乡夏云村
76		桂林市恭城瑶族自治县恭城镇乐湾村乐湾屯
77		桂林市恭城瑶族自治县栗木镇常家村常家屯
78		桂林市恭城瑶族自治县栗木镇大合村大合屯
79	第三批次	桂林市恭城瑶族自治县栗木镇石头村石头屯
80	(2014-11-17)	桂林市恭城瑶族自治县莲花镇凤岩村凤岩屯
81		桂林市恭城瑶族自治县莲花镇朗山村朗山屯
82		桂林市恭城瑶族自治县莲花镇门等村高桂屯
83		桂林市恭城瑶族自治县西岭乡费村费村屯
84		桂林市恭城瑶族自治县西岭乡杨溪村杨溪屯
85		桂林市恭城瑶族自治县观音乡狮塘村焦山屯
86		桂林市恭城瑶族自治县观音乡水滨村
87		桂林市恭城瑶族自治县龙虎乡龙岭村实乐屯
88		玉林市博白县松旺镇松茂村
89		贺州市昭平县樟木林乡新华村

续表

序号	批次	名称
90		柳州市融水苗族自治县安太乡寨怀村新寨屯
91		柳州市融水苗族自治县良寨乡大里村国里屯
92		柳州市融水苗族自治县杆洞乡党鸠村乌英屯
93		柳州市三江侗族自治县独峒镇林略村
94		柳州市三江侗族自治县独峒镇芭团村
95		柳州市三江侗族自治县独峒镇座龙村
96		柳州市三江侗族自治县林溪镇高秀村
97		柳州市三江侗族自治县梅林乡车寨村
98		桂林市雁山区大埠乡大埠村委大岗埠村
99		桂林市雁山区柘木镇禄坊村委禄坊村
100		桂林市临桂区两江镇信果村委（木田木）头村
101		桂林市临桂区宛田乡宛田村委东宅江村
102		桂林市阳朔县白沙镇遇龙村委遇龙堡村
103		桂林市灵川县灵田镇正义村委宅庆村
104	第四批次	桂林市兴安县高尚镇东河村委菜子岩村
105	（2016-12-29）	桂林市兴安县高尚镇东河村委山湾村
106		桂林市兴安县高尚镇金山村委待漏村
107		桂林市兴安县溶江镇佑安村委青山湾村
108		桂林市灌阳县文市镇桂岩村委白竹坪屯
109		桂林市龙胜各族自治县龙脊镇金江村委金竹壮寨
110		桂林市龙胜各族自治县龙脊镇马海村委田寨组
111		桂林市龙胜各族自治县龙脊镇小寨村委小寨屯
112		桂林市龙胜各族自治县瓢里镇平岭村委上下甘塘屯
113		桂林市龙胜各族自治县江底乡城岭村委江口屯
114		桂林市龙胜各族自治县江底乡建新村委矮岭红瑶组
115		桂林市龙胜各族自治县江底乡建新村委江门口屯
116		桂林市龙胜各族自治县江底乡李江村委金竹组
117		桂林市龙胜各族自治县马堤乡芙蓉村委芙蓉村
118		桂林市龙胜各族自治县马堤乡龙家村委龙家村
119		桂林市龙胜各族自治县马堤乡民合村委民合屯

序号	批次	名称
120		桂林市龙胜各族自治县伟江乡新寨村委老寨屯
121		桂林市龙胜各族自治县平等镇小江村委田段组
122		桂林市龙胜各族自治县平等镇龙坪村委龙坪村
123		桂林市龙胜各族自治县平等镇平等村委平等村
124		桂林市龙胜各族自治县乐江乡宝赠村委宝赠村
125		桂林市龙胜各族自治县乐江乡地灵村委地灵村
126		桂林市龙胜各族自治县乐江乡石甲村委泥寨组、岩寨组
127		桂林市龙胜各族自治县乐江乡西腰村委西腰大屯
128		桂林市恭城瑶族自治县莲花镇门等村委矮寨屯
129		桂林市恭城瑶族自治县莲花镇竹山村委红岩老村屯
130		桂林市恭城瑶族自治县平安乡巨塘村委巨塘屯
131		桂林市恭城瑶族自治县西岭乡西岭村委西岭屯
132		桂林市平乐县同安镇屯塘村委屯塘村
133		桂林市平乐县张家镇钓鱼村委和村
134	第四批次 （2016-12-09）	梧州市蒙山县长坪瑶族乡六坪村
135		北海市铁山港区营盘镇白龙社区白龙村
136		北海市合浦县曲樟乡璋嘉村委老屋村
137		玉林市兴业县葵阳镇葵联村榜山村
138		玉林市兴业县城隍镇大西村
139		贺州市平桂管理区羊头镇柿木园村
140		贺州市昭平县走马镇黄胆村罗旭屯
141		贺州市钟山县石龙镇源头村
142		贺州市钟山县珊瑚镇同乐村
143		贺州市钟山县公安镇荷塘村
144		贺州市钟山县清塘镇白竹新寨
145		贺州市钟山县两安乡星寨村
146		贺州市富川瑶族自治县福利镇毛家村
147		贺州市富川瑶族自治县福利镇留家湾村
148		贺州市富川瑶族自治县福利镇红岩村
149		贺州市富川瑶族自治县麦岭镇村头岗村

续表

序号	批次	名称
150		贺州市富川瑶族自治县葛坡镇义竹村
151		贺州市富川瑶族自治县葛坡镇谷母井村
152		贺州市富川瑶族自治县城北镇凤溪村
153		贺州市富川瑶族自治县石家乡龙湾村
154		贺州市富川瑶族自治县石家乡城上村
155	第四批次	贺州市富川瑶族自治县石家乡石枧村
156	(2016-12-09)	贺州市富川瑶族自治县柳家乡茅樟村
157		河池市南丹县里湖瑶族乡怀里村蛮降屯
158		河池市南丹县里湖瑶族乡八雅村巴哈屯
159		河池市天峨县三堡乡三堡村堡上屯
160		崇左市龙州县上金乡卷逢村白雪屯
161		崇左市龙州县上金乡中山村
162		南宁市江南区江西镇安平村那马坡
163		南宁市西乡塘区石埠街道老口村那告坡
164		南宁市邕宁区那楼镇那良村那蒙坡
165		南宁市上林县巷贤镇长联村古民庄
166		南宁市宾阳县中华镇上施村下施村
167		南宁市宾阳县古辣镇古辣社区蔡村
168		柳州市融安县大将镇龙妙村龙妙屯
169		柳州市融水苗族自治县杆洞乡杆洞村松美屯
170	第五批次	柳州市融水苗族自治县红水乡良双村
171	(2019-06-06)	柳州市三江侗族自治县八江镇八斗屯
172		柳州市三江侗族自治县八江镇归大屯
173		柳州市三江侗族自治县八江镇马胖村磨寨屯
174		柳州市三江侗族自治县八江镇中朝屯
175		柳州市三江侗族自治县林溪镇冠洞村
176		柳州市三江侗族自治县独峒镇玉马村
177		柳州市三江侗族自治县独峒镇唐朝村
178		柳州市三江侗族自治县洋溪乡高露村
179		柳州市三江侗族自治县老堡乡老巴村

续表

序号	批次	名称
180		柳州市三江侗族自治县和平乡和平村
181		桂林市临桂区茶洞镇茶洞村埂头屯
182		桂林市临桂区茶洞镇富合村
183		桂林市灵川县大圩镇秦岸村大埠村
184		桂林市灵川县灵田镇正义村金盆村
185		桂林市灵川县海洋乡黄土塘村
186		桂林市灵川县海洋乡大塘边村
187		桂林市灵川县海洋乡小平乐村画眉弄村
188		桂林市灵川县兰田瑶族乡兰田村西洲壮寨村
189		桂林市全州县全州镇邓家埠村大庾岭村
190		桂林市全州县大西江镇满稼村鹿鸣村
191		桂林市全州县龙水镇桥渡村石脚村
192		桂林市全州县绍水镇三友村梅塘村
193		桂林市全州县绍水镇洛口村张家村
194	第五批次 (2019-06-06)	桂林市全州县石塘镇沛田村
195		桂林市全州县两河镇大田村
196		桂林市全州县两河镇鲁水村
197		桂林市全州县永岁镇湘山村井头村
198		桂林市全州县永岁镇幕霞村慕道村
199		桂林市全州县东山瑶族乡上塘村
200		桂林市全州县东山瑶族乡清水村
201		桂林市兴安县兴安镇三桂村东村
202		桂林市兴安县溶江乡钟山坪村
203		桂林市永福县罗锦镇下村樟树头村
204		桂林市永福县罗锦镇尚水村尚水老村
205		桂林市灌阳县灌阳镇徐源村
206		桂林市灌阳县黄关镇兴秀村桐子山屯
207		桂林市灌阳县文市镇王道村
208		桂林市灌阳县文市镇会湘村
209		桂林市灌阳县文市镇勒塘村

续表

序号	批次	名称
210		桂林市灌阳县新街镇飞熊村杉木屯
211		桂林市灌阳县新街镇葛洞村大路坡屯
212		桂林市灌阳县新街镇龙云村猛山屯
213		桂林市灌阳县新街镇石丰村杨家湾屯
214		桂林市灌阳县新街镇龙中村富水坪屯
215		桂林市灌阳县洞井瑶族乡太和村田心屯
216		桂林市灌阳县洞井瑶族乡桂平岩村
217		桂林市灌阳县观音阁乡大井塘村
218		桂林市灌阳县水车镇德里村
219		桂林市龙胜各族自治县三门镇大罗村滩底屯
220		桂林市龙胜各族自治县三门镇同列村
221		桂林市龙胜各族自治县龙脊镇江柳村旧屋屯
222		桂林市龙胜各族自治县龙脊镇中六村中六屯
223		桂林市龙胜各族自治县平等镇广南村
224	第五批次	桂林市龙胜各族自治县平等镇庖田村甲业屯
225	(2019-06-26)	桂林市龙胜各族自治县泗水乡潘内村杨梅屯、浪其屯
226		桂林市龙胜各族自治县泗水乡周家村白面组
227		桂林市龙胜各族自治县江底乡泥塘村半界组
228		桂林市龙胜各族自治县伟江乡洋湾村
229		桂林市资源县两水苗族乡社水村
230		桂林市资源县河口瑶族乡葱坪村坪水村
231		桂林市平乐县二塘镇大水村八仙村
232		桂林市恭城瑶族自治县莲花镇门等村东寨屯
233		桂林市恭城瑶族自治县嘉会镇太平村太平屯
234		梧州市岑溪市筋竹镇云龙村
235		北海市海城区涠洲镇盛塘村
236		钦州市灵山县新圩镇漂塘村
237		钦州市灵山县佛子镇佛子村马肚塘村
238		钦州市灵山县太平镇那马村华屏岭村
239		贵港市港南区木格镇云垌村

续表

序号	批次	名称
240		贵港市平南县镇隆镇富藏村中团屯
241		贵港市平南县思旺镇双上村上宋屯
242		贵港市平南县大鹏镇大鹏村石门屯
243		贵港市桂平市中沙镇南乡村
244		玉林市玉州区南江街道岭塘村硃砂垌村
245		玉林市玉州区仁东镇鹏垌村
246		玉林市玉州区仁厚镇茂岑村
247		玉林市福绵区福绵镇福西村
248		玉林市福绵区新桥镇大楼村
249		玉林市容县杨村镇东华村
250		玉林市容县罗江镇顶良村
251		玉林市陆川县平乐镇长旺村
252		玉林市博白县新田镇亭子村老屋屯
253		玉林市兴业县石南镇东山村
254	第五批次 （2019-06-06）	玉林市兴业县石南镇谭良村
255		玉林市兴业县石南镇庞村
256		玉林市兴业县蒲塘镇石山村石山坡
257		玉林市兴业县龙安镇龙安村
258		玉林市北流市新圩镇白鸠江村河城组
259		玉林市北流市塘岸镇塘肚村十一组
260		贺州市八步区贺街镇河西村
261		贺州市八步区桂岭镇善华村田尾寨
262		贺州市平桂区沙田镇龙井村
263		贺州市平桂区羊头镇大井村大岩寨
264		贺州市钟山县公安镇大田村
265		贺州市富川瑶族自治县富阳镇茶家村
266		贺州市富川瑶族自治县古城镇丁山村
267		贺州市富川瑶族自治县古城镇秀山村
268		贺州市富川瑶族自治县朝东镇东水村
269		贺州市富川瑶族自治县朝东镇油沐大村

续表

序号	批次	名称
270	第五批次（2019-06-06）	贺州市富川瑶族自治县朝东镇岔山村
271		来宾市象州县运江镇新运村新运街
272		来宾市象州县运江镇运江社区红星街、红光街
273		来宾市象州县罗秀镇军田村
274		来宾市武宣县东乡镇金岗村永安村
275		来宾市金秀瑶族自治县金秀镇共和村古卜屯
276		来宾市金秀瑶族自治县桐木镇那安村龙腾屯
277		来宾市金秀瑶族自治县忠良乡三合村岭祖屯
278		来宾市金秀瑶族自治县罗香乡平竹村三林屯
279		来宾市金秀瑶族自治县六巷乡六巷村六巷屯、朗冲屯、上古陈屯
280		崇左市江州区驮卢镇连塘村花梨屯

注：本附录根据住房城乡建设部、文化部（现文化和旅游部）、财政部等政府部门公布的五批中国传统村落名录（2012—2019）整理而得。

后记

AFTERWORD

中国传统村落作为中华文化遗产的重要载体，承载着中华民族的历史记忆，是人类农耕文明的重要见证，也是中华民族认同的根源，具有重要的文化价值、生态价值和经济价值。但在快速城镇化、现代化的冲击下，中国传统村落正在面临生存的挑战。传统村落的消失不仅意味着村落建筑的消亡，更意味着传统村落所蕴含的文化价值的消亡。近几十年来，随着经济的大发展以及城镇化的推进，大量青壮年走出乡村，定居城市，传统村落面临着"空心化"的窘境。如今，国家已经充分意识到传统村落保护的重要性，采取了一系列的保护措施。

"中国传统村落文化抢救与研究"系列丛书于2016年入选了"十三五"出版规划。本套丛书从文化区、物质文化、非物质文化三个方面全方位阐释中国传统村落文化。其第一辑文化区系列于2020年付梓，项目从策划到出版历时近5年。

一本书的诞生，包含着主编、编写者、编辑、校对、审读专家等众多参与者的心血。为了保证图书的如期出版，每个人都奉献和付出了许多。

感谢每一位编写者的勤勉，在繁重的教学和科研任务压力之下，他们利用每一个休息的空隙，孜孜不倦地书写着中国传统村落的过去、现在和未来，用朴实真挚的文字记录着村落的每一次成长与新生。

本书还配有大量精美图片帮助读者解读内容，但由于信息的更迭和转换，仍然有个别图片找不到原始版权的所有人。希望读到这本书，或者通过其他途径获取到这个信息的版权人，发送邮件至459202365@qq.com，主动与我们取得联系，我们感谢您的理解和支持。

我们本着保护和弘扬村落文化的初心，试图对中国传统村落进行一次科学的梳理、抢救性记录和提出保护建议，通过深度挖掘传统村落的价值，重新唤起社会关注，重振乡居生活方式。让越来越多的人通过阅读，了解传统村落文化的美好与珍贵，从而加入到保护者的行列。

2020年，突如其来的新冠肺炎疫情打乱了每个人的生活工作节奏，但是大家克服了自身的困难和心里的不安，携手走到了最后。再次感谢参与这套丛书出版的每一个人，大家的努力与付出，才促成了图书的成功付梓。我们撒下关爱村落的种子，期待在不久的未来它将长成参天大树，将传统村落文化扎根于每一位读者心间，愿这套丛书为传统村落文化的传承贡献一份微薄的力量。

丛书编委会

2020年12月